国泰民富

GROUP 国泰基金

图书在版编目（ＣＩＰ）数据

国泰民富 /《资智通鉴》编委会编. -- 南京：江苏人民出版社，2016.7
ISBN 978-7-214-19254-7

Ⅰ.①国… Ⅱ.①资… Ⅲ.①证券投资—基金—资产管理—中国—文集 Ⅳ.①F832.51-53

中国版本图书馆CIP数据核字（2016）第163401号

书　　名	国泰民富	
编　　者	《资智通鉴》编委会	
责任编辑	曾　偲	
责任校对	王翔宇	
装帧设计	曲闵民	
出版发行	凤凰出版传媒股份有限公司 江苏人民出版社	
出版社地址	南京市湖南路 1 号 A 楼，邮编：210009	
电子邮箱	http://www.jspph.com	
经　　销	凤凰出版传媒股份有限公司	
照　　排	江苏凤凰印刷数字技术有限公司	
印　　刷	南京精艺印刷有限公司	
开　　本	718毫米×1000毫米　1/16	
印　　张	14.5　插页4	
字　　数	150千字	
版　　次	2016年8月第1版　2016年8月第1次印刷	
书　　号	ISBN　978-7-214-19254-7	
定　　价	58.00元	

江苏人民出版社图书凡印装错误可向承印厂调换。

《资智通鉴》系列图书编委会

主　任　周向勇

副主任　陈星德

编　委　邓时锋　程　洲　周伟锋　杨　飞

　　　　吴　晨　吴向军　李　琳　李晔斌

转眼，由国泰基金主办的《资智通鉴》已经以季刊形式出版四年，我们希冀稍微停一下，以一本合辑的方式，有所回顾，有所思考，有所启发。

《资智通鉴》的创刊，秉承了资产管理行业思想精粹的办刊宗旨，每期文章汇聚了公司内一批优秀投研人员以及公司外得到业内认可的知名投资大家、首席券商分析师等，为读者带来一次次投资思想的碰撞和盛宴。

过去几年，很多被《资智通鉴》约稿的基金经理、投资大家都会问"你们编委会希望写些什么内容"，我们的回答很简单："真实就好，把你对投资最真挚的理解与读者分享。"

因为并不是公开出版的刊物，所以在一些业内读者看来，《资智通鉴》里基金经理的投资笔记、投资大家采访的内容都特别扎实和深刻。用一家资管公司老总的说法，《资智通鉴》的内容全部是干货。

诚然，资产管理行业瞬息万变，全球宏观经济不确定性依旧，各大类资产你方唱罢我登场，但我们始终相信投资最原始的真谛只会随着时间的流逝而越发光彩夺目。

在大资管行业，国泰作为国内第一家规范成立的基金管理公司，我们不仅希望管理好受托人的每一份资产，获取长期稳健的投资收益，同时亦愿意发挥机构投资者有所担当的责任感，这也是《资智通鉴》选择对外出版，与更多受众分享的想法。我们始终认为一家资产管理公司最核心的竞争力不仅来自投资管理能力，更在于能够以客户的需求和利益为中心，通过对基础资产的配置，形成个性化、工具化、标准化集合工具，最终为客户提供全方位、全天候的财富管理解决方案。

这本名为《国泰民富》的《资智通鉴》合集，呈现了国泰基金过去五年来对于投资研究和资产配置的"泰"度以及探索，强调宏观视角以及微、中观视角的整体分析结构：人物篇，既有公司历任优秀基金经理展现真我的素描像，亦有资产管理大佬们的内心独白；悦读篇，由业内投资家推荐书籍，从中读出投资真谛；国学与投资篇，独辟蹊径，将国学与投资相互交融，品出韵味；压轴的投资笔记，则是取自一线基金经理从市场中总结的关于投资理念最真实的体现。

本书的内容浓缩了我们对财富管理行业思考的精华内容，编撰过程中尽量做到视角深入、语言简洁、篇幅精炼，方便大家用碎片时间翻阅，提高阅读效率。所谓视角深入是指本书侧重涉及财富的源头智慧，而非简单的"术"的层面。为了使书稿更臻完善，《资智通鉴》编委会多次对内容进行补充调整，如今终于可以付梓出版，非常高兴。同时感谢凤凰出版传媒集团对于本书发行出版工作的支持。

是为序。欢迎各位读者提出宝贵的修订意见，希望更多的优秀资产管理机构愿意分享对资产管理行业、对投资理念的研究，共同促进这个行业走向一个富有生机和活力的新常态。

《资智通鉴》系列图书编委会

2016 年 8 月 1 日

大师
MASTER

人物
PEOPLE

投资笔记
INVESTMENT ESSAY

国学与投资

SINOLOGY AND INVESTMENT

悦读
READING

大师
MASTER

欧文·卡恩
——世界上最长青的基金经理

吴婧依 / 文

世界上最长青的基金经理是谁？恐怕要算欧文·卡恩（Irving Kahn）。这位因在1929年美国金融危机成功做空一战成名的华尔街名人，直到去世前一年，还是每周三次前往曼哈顿城中的办公室上班。那一年他108岁。自20世纪20年代以来，投资老将欧文·卡恩经受住了多次金融危机的考验。直到去世前仍然是1978年创办的卡恩兄弟公司的董事长。卡恩兄弟集团目前管理着将近10亿美元的资产，从2000年初到2014年3月底，该公司持有的股票年均收益率为11%，击败了标准普尔500指数7.8%的年均收益率。

从投机者到价值投资最忠实的拥趸者，卡恩先生的亲身经历如同一本具有权威性的市场实战指南。

拜师格雷厄姆

1905 年 12 月 19 日，卡恩出生在纽约市一个德裔犹太移民家庭。他的父亲在照明灯具行业工作，母亲则经营着自己的衬衫生意。1928 年夏天，23 岁的卡恩第一次走进华尔街，开始在纽约证交所当跑单员，这位以"格雷厄姆系"自居的价值投资人，通常会用 100 减去自己的年纪，当作投资组合中的股票百分比，剩下的资产则放在债券和现金上。当时，离著名的"大萧条"——席卷全球的经济衰退开始，仅剩下几个月时间。

仅仅在交易大厅待了一个礼拜，卡恩就觉得周围全是一群"疯子"，于是申请调往研究部门。晚上和周末，他还在一家大型券商公司兼职，工作之余就在曼哈顿的写字楼里来回闲逛，去研究各个公司，敲开那些依然灯火通明的办公室大门。这个习惯让他得以在偶然间看到了格雷厄姆"几乎没有亏损过"而收益丰厚的投资记录，也让他遇到了一生的良师益友。不久之后，卡恩探访到格雷厄姆的门下，并毛遂自荐成为其助手。

在格雷厄姆的影响下，卡恩学到了受益一生的价值投资理念，学到了抵御赚取快钱诱惑的能力，更形成了"从不借钱也从不赔钱"的投资习惯。

这位以"格雷厄姆系"自居的价值投资人，通常会用 100 减去自己的年纪，当作投资组合中的股票百分比，剩下的资产则放在债券和现金上。即使如今年逾百岁，他仍然坚持同时持有各占一半的现金和股票。就凭借这一点，历经 20 世纪 30 年代的美国"大萧条"、二战后的婴儿潮、70年代的狂暴通膨、90年代的狂飙到2000年后的网络泡沫、2008年的金融风暴，这位老而弥坚的投资人至今屹立不摇。他波澜起伏的投资生涯，简直可以写一部关于投资历史的教科书。

做一个在"大萧条"中不赔钱的投资人

　　卡恩先生的华尔街职业生涯始于1929年金融危机前，后来的几十年里，他经历了大萧条、第二次世界大战、冷战和最近的金融危机，还有无数次轻度的萧条期。在卡恩早期投资时，《证券法》还不完善，技术派的投机客是股票市场的主导力量。经历1929年夏天狂热的炒作，股价已上升到"极不合理的水平"。于是，他断定赚钱的方式就是"卖空"，这意味着股价下跌才能获利。他向亲友借钱，做空一家矿企，在华尔街崩盘时，投资几乎翻了一倍。这次成功令他发现，当市场情绪沉溺于一家公司或某个行业时，通常是非常危险的，这就是个很好的例子。但是也有很多人用借来的钱投资，结果分文不剩。大萧条来袭时，中央公园到处都是等待分配救济品的长队，以及无家可归的人。卡恩在早期冒险做空成功后，改变了投资策略。他开始转向寻求股市中被低估的好公司，然后坚决持有，并彻底摒弃了以前借钱投资的行为。此时，他结识到一位很好的朋友——"价值投资之父"本杰明·格雷厄姆。卡恩在哥伦比亚大学给格雷厄姆做助教期间，学会了财务报表分析的方法，通过计算公司的真实价值，趁大萧条时捡到很多超级便宜的股票。

时至今日，他仍然使用着同样的方法。

他曾说，自律的投资者会去回避价格过高的公司。好的投资者会选择回避市场热点，坚持价值投资，顺利地渡过所有的危机。投资者必须记住，保护好资金是第一位的，之后才是寻求资本回报。买入 or 卖出？在卡恩兄弟集团，卡恩的儿子汤姆，今年 73 岁，负责公司的日常运营，孙子安德鲁做分析师。爷孙、父子三人和公司团队经常会讨论公司的优劣。卡恩的投资方法听上去没什么神秘之处，更多的是对人性的理解。卡恩曾建议投资者不要听广播、电视和网络上的普遍看法，避免受到市场情绪的影响。因为他自己的看法就经常和大众观点不一致。实际上，能在股市中保持独立和冷静的人并不多，必须要自觉地抵制冲动，才能抵制住股价上涨时买入和股价下跌时抛售的冲动。

卡恩是个特别擅长分析、对数字很敏感的人。卡恩喜欢把年度报告带回家，在餐桌旁阅读，但他经常从年报的结尾部分开始，这样就可以首先得到主要的财务信息。另外，优秀的管理者也会给公司价值加很多分。卡恩兄弟集团喜欢关注公司首席执行官，并品味他的性格。比如很多投资者都不知道纽约时报到底有多少资产，但是卡恩兄弟却把时报作为重仓股，在和纽约时报 CEO 碰面后，卡恩集团坚持纽约时报和可口可乐一样，品牌价值无限，现在纽约时报大厦的股份已经为卡恩赚得近 10 亿美元。

对牛市的担忧

在美股一片红火时，老爷子表达了他的担忧，甚至让他回想到 1929 年和 1968 年时的情景。持续高昂的牛市吸引了众多非投资人士，他们用借来的钱或者抽出盈利来参加这种投机游戏。价格较低的期权已经成为高价值股票的替代品，公众们被每天的股价变化弄得茫然不知所措，很少有人注意到长期的经济变化才是最终决定股价的关键。

他发现牛气冲天的市场吸引了 6000 多种基金，在形式和规模上有广泛的选择空间，但这些基金大部分是由那些年轻、没有经历过股市价格波动大风大浪的经理人所管理的。大部分基金经理人在各年度中难以维系良好业绩的表现，也充分证明了对整体大盘的预测是多么困难。

欧文的儿子托马斯·格雷厄姆·卡恩曾告诉"每日野兽"新闻网："对于一个 100 多岁的老家伙而言，这真是非常难得。每当我觉得疲劳时，就想想这件事。"

雷伊·达里奥
——逆天的对冲基金天王

姚辰 / 文

雷伊·达里奥（Ray Dalio）在 2012 年初被业内评为对冲基金史上最成功的基金经理—旗下的 Pure Alpha 基金在 1975 ~ 2011 年为投资人净赚 358 亿美金，超过了索罗斯的量子基金自 1973 年创立以来的总回报。

1971 年 8 月，正值布雷顿森林体系崩溃的当下，雷伊·达里奥刚从大学毕业不久，在纽约证券交易所做文书工作。在公寓里，他观看了尼克松的讲话，并尝试解读其中的影响。纸币的价值来源于黄金的背书，但现在美国政府将不再遵守这个承诺了。

第二天早上，达里奥走到混乱的纽交所交易大厅，并预期会看见股市大跌。但事实是，道琼斯平均指数上涨了接近 4%，金价也大涨，这在历史上被称为"尼克松大涨"（Nixon Rally）。达里奥听到尼克松声明，但他却曲解了其影响。

这件事深刻地改变了达里奥。他很快就认识到，不能相信自己的经验；从历史的角度看，每个人的人生都太短暂了。达里奥现在已经60多岁了。他在尼克松声明后的4年成立了桥水公司。回忆那时候的经历，达里奥表示："对我来说，这是上了一课。我开发了一套可操作的能预判市场惊喜的方法。"

全天候交易策略

1975年，达里奥在纽约的公寓里成立桥水以后开始的业务是给企业客户提供风险咨询服务，同时也提供每天的市场走势评论，名为"桥水每天市场观察"。其竞争的优势在于创新和高质量的分析。

达里奥早期的工作是把任何回报的资金流都分拆成若干成分，通过首先检查各成分变化的驱动因素，然后更准确作出分析。这个思维方式为构建全天候投资策略打下了基础。如果资产可以分拆成不同的成分，那么在把这些成分重新组合起来，就也能看作是一个投资组合。

因此，达里奥通过分拆经济和市场，研究这些成分在不同时间的不同关系，进而理解经济机器。这种思维方式是全天候交易策略的核心。比如说，任何的市场波动都可以被分拆为一些关键的成分。市场波动的基础是相对于已经被定价的市场环境，市场环境的变化。达里奥所发现的就是"这些变化的另一面"——经济环境相对于人们预期的变化。这就是一个市场惊喜的定义。

这套策略的预判是基于不同资产类型能通过可理解的方式反映经济环境变化这

一前提，而这个方式的基础是这些资产类型的资金流动关系。通过基于这些结构性关系特征，来平衡投资资产类型的分配，经济惊喜的影响是可以最小化的。

市场参与者可能对通胀抬头或经济增长加速感到惊讶，但全天候交易策略的投资仍能平稳地前进，提供吸引力大且相对稳定的回报。这个策略一直是被动的；也就是说，达里奥和他的同事并不需要预测未来的经济环境，就能构建出最理想的投资组合。

诚实是一个人自由的延伸

另一方面，桥水之所以业绩比别人好，很大程度来自达利奥勇于认错并自我纠正的态度。他期望员工也会一样。"桥水的人必须渴求真相，渴求到甚至他们愿意羞辱自己去换取真相。"

在达里奥撰写的《桥水管理原则》中，他强调了诚实的重要性。"你对他人诚实，别人也会同样对你，这样你就能得到准确的反馈，也使你和周围环境始终保持同步思维。诚实是一个人自由的延伸。一个人表里不一（特别是不得已而为之）内心必定很挣扎，久而久之与自己的真实所思所想脱节，不仅不会幸福，也不可能发挥最大的潜力。"

在书中，达里奥则写到："思考问题，出发点只强调准确性，而不是担心别人会怎么想，这样才能保证关注的都是重要的事。诚实的人，才能拥有独立思维，才能对正确的事有更多的理解。一个人是否诚实，考验他是否愿意在别人和挑战面前坚持自己。人们都会欢迎诚实的人并给与同样的回报，同时躲避不诚实的人，因为不诚实的人做事不会符合他们的利益。我认为在诚实这件事上，不应该有所选择和回避，应该'盲目'相信，如果你的周围都是诚实的朋友和同事，不需多想，一定是好事。"

"透明公开。诚实地回答别人的质疑，不要在背后说别人，当然必要的隐私需要尊重。"达里奥表示。

个性的成长经历

达里奥在纽约长岛长大，出生在一个与投资毫无关联的家庭。他的父亲是名爵士乐手，母亲是家庭妇女。也许是受父亲的影响，达里奥是个狂热的音乐迷，现在他在纽约市歌剧院有专用包厢，每年参加新奥尔良的爵士音乐节。

达里奥年幼时可不是一个好学生，他自己说记性差，不爱学习。达里奥在他当高尔夫俱乐部球童时，听到某只股票的建议，并从此进入投资界。

从长岛大学获得学士学位后，他在哈佛大学进修 MBA，同时独立交易股票，毕业后在华尔街找到工作。

从商学院毕业后，达里奥在希尔森海登斯通（Shearson Hayden Stone）经纪公司的商品期货部门工作，却因醉酒以及殴打老板而被辞退。

接下来，他说服以前的客户继续聘请他当顾问，并在 26 岁那年成立了桥水公司，办公室就是他家卧室。而现在他和妻子芭芭拉生活在格林尼治 5500 英尺的豪宅里。

至于工作，达里奥却遵守着勤俭的作风，他几乎每天都穿同样的衣服上班。斜纹棉布裤、船鞋以及名字标牌 RAY。他甚至有时候会穿 Crocs 去公司。

坚持冥想 42 年

达里奥还有一个坚持了 42 年的习惯：超脱禅定法（Transcendental Meditation）。

这是一种放松的方式，通过沉默深思和重复特殊语句使人保持平静。简单地说，就是静思冥想。"冥想是帮助我成功的最重要因素。"达里奥在曼哈顿出席名流云集的超脱禅定法会议时透露了他的秘诀。

达里奥将冥想运用到了他的投资当中，这在华尔街人尽皆知。他认为，冥想的好处是专注、冷静、创造力。冥想爱好者修炼的是净心禅定之术，将心灵磨炼得如同古井无波、澄空映月。

达里奥还认为，除了能让人平静，冥想还能激发出灵感的火花。"你不能强迫，得让你自己的心先排空，这样才能放松下来，才能激发出灵感。"

在达里奥的桥水，冥想已经成为公司文化。很多对冲基金经理们都在练习。为了鼓励自己的员工，达里奥甚至为他们支付了一半的聘请冥想导师的费用。

"对于渴望成功的对冲基金经理来说，冥想是不可或缺的。"达里奥表示。冥想使人超然平静，摒弃杂念，更能排除情绪的干扰，理性地讨论有观点分歧的问题。

"你必须做一个忍者。"

格列高里·莫里斯的世界

金麓 / 文

　　格列高里·莫里斯（Gregory L. Morris）的世界是复杂的：他是现任PMFM 公司首席投资顾问，管理着价值 12 亿美元的两只共同基金；他是全球公认的蜡烛图分析方法的权威，《蜡烛图精解》《市场广度大全》等书被多次印刷，译成多国语言畅销全球；他是著名的技术分析大师，超过 450 种指标的技术分析软件和交易系统，都是由他参与开发的……格列高里·莫里斯的世界又是简单的：他是"全美排名第一基金"ETFFX 管理人却认为投资仅仅是只需要保持"自律"便可以获得成功；他是一位满头华发的退役飞行员却笑称自己的飞行技术要比麦凯恩"高明"；他荣誉满身却认为获得这一切的动力仅仅来自于妻子的微笑以及按时早起后的一杯咖啡……

莫里斯和他的投资风格

"您是如何在 2008 年的金融危机中，从全美竞争激烈的近万只基金中脱颖而出的？""您是怎样取得令全球同行都钦羡的傲人成绩的？""您的投资理念投资风格是怎样的？"……莫里斯的一生中恐怕会经常遇到这些人们最为好奇的问题。而他总是用沉稳淡定的风格，简练扼要地给予解答。

"PMFM 的投资建立在精确又谨慎的技术分析的基础上，通过技术分析来跟随市场趋势，包括市场的上升以及下降趋势。我们有自己的方法来对市场趋势进行精确测量。过去一年来，总的来说，市场的趋势是向下的，根据测量，我们及时进行了调整。因此，我们采取的大多数办法是战略防御，这样的做法使得我们有效避免了后来的风险。"

"世界上那么多风险厌恶者和战略防御者，为什么只有您独善其身？"人们显然对莫里斯的回答显得意犹未尽。对此，拥有深厚理工科教育背景以及在数学上颇有造诣的莫里斯解释道："因为我们参考了一种独特的分析模型，它通过多种综合计量方法来预测股市的走势。这种模型的优势在于能够克服许多其他模型中经常出现的单个信号点失效的问题。"另外，他强调，"该模型最大的优势就是能够克服各种主观情绪因素对分析的干扰，不受各种各样消息的影响，使得我们坚守市场趋势，从而做到最完美的测量。"

莫里斯和他的飞行情节

熟悉莫里斯过去的人们都知道，成为 PMFM 信托投资管理公司的首席基金经理之前，莫里斯曾经是一名优秀的战斗机飞行员。

莫里斯 1948 年出生于美国的德克萨斯。1971 年毕业于奥斯汀市的德克萨斯大学，大学期间主修航空发动机技术。大学毕业后，出于心中愈燃愈烈的飞行情结，莫里斯考入了人才济济的美国海军飞行训练学校。1975 年，经过严苛的专业学习、训练，莫里斯以优异的成绩毕业，终于美梦成真，开始了驾驶战斗机的历程。"飞行是我的第一所爱，在天空中感觉真是棒极了！"1978 年，莫里斯恋恋不舍地告别了战斗机，"离开飞机简直会要我的命，我要飞到实在飞不动的那一天为止！"之后，莫里斯供职于一家航空公司，直到从英姿勃发的青年变成了满头华发的老者。

在为实现飞行的理想刻苦攻读之余，莫里斯逐渐对股市产生了浓厚兴趣。多年的戎空生涯以及飞行员特有的热情、执着和果敢使得莫里斯在股市中有着自己独特而又亮眼的表现："每次飞行之前我都反复检查飞机的各种零件、预测空中各种可能碰到的风险，然后采取措施，防患于未然，因此，我在空中从来没有感到过慌乱。同样，在股市里，我和我的团队也做好了充分的准备，我们考虑各种可能发生的风险，根据模型发出的信号来采取行动。"

莫里斯和他的背后家庭

莫里斯今天的成绩除了其高超的技术分析、对市场趋势娴熟的把握外，还离不开莫里斯夫人的功劳。"基金经理是一个十分繁忙的职务，况且又打理着12亿美金的巨款，我几乎将所有的时间都投入到了紧张的工作。"如今年过花甲的他还在为管理资金这份他深爱的事业不停地奔波于欧美亚各国。"我的生活全靠劳拉的照料，多亏她帮我解除后顾之忧！"

每当莫里斯遇到眼前糟糕的股市环境或者让他感到手足无措的媒体采访时，疲惫的他会选择在夫人劳拉的陪伴下，驱车前往距佐治亚几十公里的幽静山庄中，打上几杆高尔夫球，或者去喂山里的动物……

除了无条件地支持自己的丈夫以外，妻子的一举一动、一言一行甚至会给莫里斯带来巨大的灵感。莫里斯的一条著名的投资理念——自律，就是来自于他妻子的一次无意之言："有一天我跟妻子一起开车，就是去年夏天的时候，我们在家乡的老加油站前停下来，我给自己买了一块糖，妻子很诧异地看着我，'天呐，你怎么一点都不自律呢？'你们不应该怀疑我妻子的吝啬，因为你不知道我那块糖有多大……我为什么要跟大家讲这个故事，我想告诉大家如果你想进行一个成功投资的话就必须自律，自律这个东西对于人的一生都非常重要，我很高兴这是我妻子教给我的。"

莫里斯和他的蜡烛图解

财富只能收藏一生，知识却能流传百世。格列高里·莫里斯到目前为止撰写了两本名著，分别是《蜡烛图精解》和《市场广度大全》。其中的《蜡烛图精解》更是被誉为蜡烛图解的最高峰。书中，莫里斯利用计算机识别并统计了标普100成分股和商品CSI指数历史上不同K线形态的表现，用翔实的数据判别了哪些K线形态成功率高，哪些最具参考价值，哪些技术分析指标最有助于优化K线形态的预测功能。

"同纷繁复杂的市场行为相比，几乎所有的技术分析方法都可以提供有价值的市场信息，加深投资者对市场的了解。"莫里斯解释蜡烛图解成功背后的原因，"蜡烛图的技术分析模型当然也不例外，你会发现利用这种图形进行技术分析，一、你会更容易掌握每日的价格变化，二、同时它还表现了开盘价这一价格要素，它集中体现了多种价格信息，你只需瞄上一眼，就可以了解市场价格变化的情况；三、同时，蜡烛图另一个过人之处在于，它很好地体现了市场参与者的心理变化情况。"

1990年，莫里斯遇到了一位来自亚洲的蜡烛图大师，亚洲是蜡烛图的发源地，在两人接触的时间里，莫里斯向这位日本大师请教，在学习过程中，发现在蜡烛图的理解上，有一些比较困难的地方，蜡烛图在有些解释上非常晦涩："举一个例子，蜡烛图中有长期和短期的区分，但是具体的区分上，到底几天是长期、几天是短期，蜡烛图没有严格的解释。当时我非常想将我理解的东西制作成一个软件或者写一本书。"在那之后，美国有个出版商主动联系我，有没有兴趣去写一本书，如果愿意的话可以帮助我。在写完这本书以后，我又和一个叫作马克·汤姆森的软件公司合作，写了一个软件，将蜡烛图的识别和买卖信号通过软件体现出来。这就是我的经历。

杰西·利弗莫尔
——做空美国的交易天才

范国宁 / 文

1877 年，一个婴儿诞生于马萨诸塞州一户贫穷的农民家庭。从幼时起这个孩子便发誓要出人头地、富甲一方。初中辍学后，他只身来到波士顿，在一个经纪行做抄写价格的学徒，这份活计让他发现了自己的天赋，从此开始了他的交易生涯，赚到人生第一笔 1000 美元。

在那个华尔街的洪荒时代，他摸索和建立的交易技术，至今被交易员们奉为圭臬，在当时更是轻取财富如囊中探物。然而他不是好评一面倒的英雄，巅峰时期他的称号是"华尔街巨熊""做空美国的人"。有志于投机事业的投资人士追随他，那本描写他传奇人生的《股票大作手回忆录》几十年来不断被再版、印刷、推荐……

在一次次和市场作战中，他如高加索山的普罗米修斯，于身体和心灵都承受难以想象的折磨。而这些痛苦早早地耗损了他的活力和生命。1940 年，在纽约最寒冷的冬日，他在酒店里扣动扳机结束了自己波澜壮阔的一生。在留给妻子的遗书里，他写道："已无法再忍受下去了。我的一切都糟糕透顶。我已厌倦了抗争。我再也坚持不住了。这是唯一的解脱。我配不上你的爱。我是个失败者。我真的很抱歉，但我别无他途……"

起于青苹之末，创造过天方夜谭般的财富，却在荒谬和吊诡中死去。杰西·利弗莫尔，告别世界的75年里，他的风流和影响未经褪色，他的经验和教训依旧存于世间。

做空美国的人

优秀的交易员相信且只相信自己的判断，利弗莫尔更是如此。他最痛恨内幕消息，他曾说股票的过去表现是他唯一的指引。"一个人要是想靠这个游戏过活，必须相信自己和自己的判断。这就是我不相信内幕的原因。"

从幼时起，利弗莫尔就开始从观察到的事实中找到自己的结论。一件事物，观察的角度不同，结论谬以千里。权益市场诡谲莫测，不同的人看同样的盘面，能得到截然不同的判断。因为别人发现的事实，对自己思路造成干扰，就沦为"不合适"的事实。作为一名独立的交易员，利弗莫尔总是避免从别人指出的事实中发现结论。

利弗莫尔的成功，很大程度上是根植于他对人、对股票，以及对大盘的观察。"经验能给你带来稳定的利润，而观察是最好的市场信息提供者。"

在萨拉托加发生联合太平洋铁路买卖的事件之后，利弗莫尔可以越来越自信地摆脱内幕和他人论调。当时太平洋铁路公司的股票居高不下，利弗莫尔做了5000手空头，就在这一天，旧金山被一场地震毁掉了，铁路大乱，股价一落千丈。

一个下午，杰西·利弗莫尔便成了百万富翁。

"只要基本面是向好的，哪怕一场世界大战也无法阻止市场进入牛市，反之亦然。交易者只要能正确判断情况就可以赚钱。"利弗莫尔自信地宣称。

20世纪初，华尔街上的纽交所成为利弗莫尔最重要的战场。20岁，利弗莫尔赚得1万美元后，离开波士顿，来到华尔街。几经起落，破产两次，到1907年30岁时，他靠着准确把握住崩盘行情做空，大赚300万美元。

从那之后，"做空者"这种带有歧视性的标签成为了终生伴随的阴影，在熊市中亏钱的投资者总会将他这样的空头，而不是熊市和自己本身的失误视为罪魁祸首。

1914年，时乖运塞的利弗莫尔第三度破产，但也正是在这样的大背景下，才使得他次年的交易成为股市历史上的经典。山穷水尽之下，他进行了细致研究，确认了百分之百的把握，靠着500股伯利恒钢铁的股票卷土重来——这一次，他并没有做空。

不过，真正让利弗莫尔登上巅峰同时彻底被妖魔化的，还是1929年的那次惊天交易，他大量做空，在美国经济和股票坠入大萧条深渊的时分，为自己赚取了上亿美元的利润。

利弗莫尔强调："很显然，正确的做法是在牛市里做多头，熊市里做空头。听起来挺傻的,是吗?但我必须紧紧抓住这一根本原则,接下来我发现将其付诸实施意味着对概率做出预期。我花了很长时间才学会如何按照这些原则交易。"

然而,最辉煌的也往往是最后的花火,利弗莫尔此后还在不断交易,但再无往日的辉煌。一次又一次的失败接踵而来。直至1934年,他不得不宣布了第四次,也是人生最后一次破产。

死后,人们清点他的财产,发现其名下的信托和现金资产总价值大约为500万美元,即使按照不同的方法来折算,都相当于现在的数亿美元巨资。为何这位亿万富翁给自己贴上"失败者"的最后标签?

原因恐怕不止一个,但无论如何,巨大的心理落差肯定算一个——对曾经的他而言,500万美元真的不算什么,因为他是利弗莫尔。

英国记者撰写的利弗莫尔传记,书名是《豪赌天尊:1929年卖空整个美国的人》。

恪守交易纪律

在投机交易尚属洪荒时代的华尔街,利弗莫尔的影响力超越了这个时代的巴菲特和索罗斯。美国曾经有专家估计,在全美的投资者当中,真正有做日间交易者潜质的人,不超过5%,而再以时间、精力、家庭等去进一步筛选,留下的更是凤毛麟角。可是,就是在这样一个极小的人群当中,利弗莫尔依然堪称精华中的精华,他是投机之王。

要做一名成功的投机者，需要严格遵守纪律，克制种种情感冲动，需要坚信自己的判断，同时又不断怀疑，反复推敲这判断，需要虽千万人吾往矣的勇气，更需要咬牙坚持的耐心。

用利弗莫尔自己的话："交易方法任何人都可以学习。让交易成为最具挑战性行为之一的，其实是我们的心理陷阱。不管你的技术水平如何，你都必须记得并且遵守游戏规则，或者直接一点说就是纪律。"

一、学会接受损失

接受损失恐怕是大多数人最难学会的东西。这需要判断正确，需要克服不愿承认自己犯错的想法，总之，要人们在赔钱情况下割肉是非常困难的。利弗莫尔告诫大家："只要兑现了损失，我睡一觉就忘了，从不会受到困扰。可是，如果错了还不肯接受现实，就不但会损害财产，还会损害灵魂。"

二、从亏损中汲取教训

三度破产后，利弗莫尔总结："破产是最好的老师。"成功并不会教会你太多东西，因为成功往往都有各自不同的理由。可是，失败却可以给你带来一生的教训。只要你不两次犯下同样的错误，你就总有机会从头再来。

"世上没有什么比失去你拥有的一切更能教会你什么是不该做的了。"他说，"当你知道有些事情不能做，做了就会赔钱的时候，你也就开始学会赚钱的方法了。"

三、耐心等待

利弗莫尔的投机生涯狂野而漫长，但他却认为成功的真正秘密在于一个看似最平平无奇的地方："在华尔街摸爬滚打这么多年，赚了很多钱，也赔了很多钱之后，我现在想告诉你的就是：真正让我赚到大钱的，其实不是我的思考，而是我的坚持。"

"会看盘没什么了不起。我认识很多交易者，都能在正确时间做出正确判断，在理应产生最大利润的节点买进或卖出股票。可是，他们的表现还是不如我，他们没有真正赚到钱，这是因为，要既能够看准市场，又能够紧握头寸的人十中无一。我发现后者才是最难学习的，但如果不掌握这个，就不可能真正赚大钱。"

肯尼斯·格里芬和他的金融城堡

金宜康 / 文

　　肯尼斯·格里芬(Kenneth C. Griffin)，身高183厘米，银白短发，外表凌厉，经常以逼人的目光，与自己的部下进行严厉的盘问和讨论——尽管他们都是毕业于世界顶级学校的数学博士和久经华尔街沙场的投资分析师。

　　格里芬于1968年10月15日出生于佛罗里达的代托纳比奇(Daytona Beach)。作为美国著名的对冲基金经理，格里芬所创立的城堡投资集团(Citadel Investment Group)已经成为世界上最大和最成功的对冲基金之一。

年少时崭露头角

　　与许多金融大师一样，格里芬也是在年少时便显露过人的投资天赋。格里芬的父亲曾是通用电气公司(GE)的项目经理，由于工作性质，常年在外奔波。

后来成立了自己的建筑供应公司，全家定居在波卡瑞顿。小时候，格里芬经常去当地的一家名为"电脑天地"的商店，一待便是几个小时，这让他很快成长为一名电脑高手。"格里芬不是成天在电影院游荡的那一类少年。"他在"电脑天地"认识的一位朋友这样评价他。"他知道自己的方向，而且总有很多主意。"读高中时，格里芬开始向学校出售教育软件。他和"电脑天地"里的两个好友共同创建了一个小型软件销售公司——探索教育系统(Diskovery Educational Systems)，并至今还在保持经营。

1986 年，刚刚年满 18 岁的格里芬偶然通过《福布斯》杂志对金融投资产生了浓厚兴趣。在哈佛大学就读期间，格里芬发起了 2 只基金，号召哈佛的学生把钱给他进行投资。他还在宿舍外面装了一个卫星接收器来接收实时股票行情，建立了一个自己的可转换债套利组合，取得了不俗收益。

华尔街攻城略地

毕业于哈佛大学的格里芬拿到了他人生中的第一桶金：他被引荐给芝加哥格伦伍德资本投资公司(Glenwood Capital Investments)的创立者弗兰克·C.迈耶(Frank C. Meyer)。格里芬的热情和优秀的业绩记录打动了迈耶，破例将 100 万美元划给格里芬自主管理。而格里芬也不负众望，他通过程序交易使得这笔资金在一年之后获得70% 的投资回报，这使得迈耶都禁不住鼓励他开创自己的基金。理所当然的，1990年 11 月 1 日，正值格里芬 22 岁生日，他用 420 万美元建立了自己的基金公司——

Citadel，取名"城堡"，寓意基金即便在市场动荡的情况下也能保持强大实力。2006 年，Citadel 成为了美国历史上第一只承销债券的对冲基金。

一位曾经在 Citadel 供职的经理人曾这样描述："肯尼斯似乎想成为像 J.P. 摩根或约翰·D. 洛克菲勒那样的人。"建立一个相当于高盛或摩根士丹利的多元化大型金融机构似乎是格里芬本人的最大心愿。为达到这个目标，格里芬带领他的金融公司接二连三地迅速攻城略地：这边收购一家抵押公司，那边又从一家对冲基金手里收购资产。其中收购在天然气交易中破产的对冲基金 Amaranth Advisors 是格里芬值得称道的一个大手笔。2006 年 9 月 18 日上午，格里芬与价值 95 亿美元的 Amaranth 对冲基金进行紧张的电话沟通。该对冲基金先前做了有史以来损失最为惨重的交易投注——豪赌天然气价格将会上涨。恰恰相反，天然气价格狂跌，一周之内 Amaranth 因此损失了 46 亿美元。在帮助谈判收购这笔一败涂地的投资证券组合时，格里芬保持了一贯特有的冷静，与他的能源小组一起分析形势和市场，评估风险。格里芬还与 Amaranth 首席运营官查理·温克勒（Charlie Winkler）多次进行深入交谈。这正是格里芬喜欢的那类垂死交易，他买下了 Amaranth 资产的一半份额。华尔街的一些人认为这是一次愚蠢的赌博，毕竟，大家都认为天然气价格还可能会继续下跌。但是预言并未成为现实，格里芬像往常一样，最后又赚到了钱——有消息来源称可能约为 15 亿美元。2006 年，整个对冲基金业的平均收益为 13%，而来自投资者的数据却表明 Citadel 的收益高达 30%。2007 年底，Citadel 的辉煌业绩达到了顶峰，公司资产达到 200 亿美元的峰值。

不拘一格筑城堡

"格里芬是一个才智超群的创新者,他重新定义了对冲基金和对冲基金公司。"供职于Citadel多年的前明星交易员亚历克·李托维茨(AlecLitowitz)这样称赞道。

比如,格里芬不关心股票的基本面或内在价值,只关心价格波动,通过大量信息以及各种数学模型来分析交易心态,从中寻找机会。Citadel是一个数量分析类基金,其两大明星基金——肯星顿全球策略基金(Kensington Global Strategies)和威灵顿基金(Wellington)都依靠强大的数学模型程序做着交易。

此外,格里芬还强调,风险管理的核心内容就是了解投资组合在不同的市场变化下将如何运行,如果对某种风险测试的结果不满意,那就应该提前调整投资组合。"好的风险管理是在危机发生之前做好部署,而不是等到危机发生之后才有所应对。"

尽管公司为广聚人才而采取的"挖墙脚"行为招致了不少非议,格里芬本人也曾在2008年金融风暴中有过投资失误,但这些并不会阻碍一个金融公司和对冲基金经理的成功。

华尔街"孤狼"
——敌意并购大师卡尔·伊坎

章奇奇 / 文

卡尔·伊坎最近颇为活跃。

卖掉手中所有的零售折扣店家多乐(Family Dollar)的股份,赚得近2亿美元;增持 Take Two 互动软件公司股份至12.3%;掌控赫兹全球控股(Hertz Global Holdings)公司,并对这家陷入困境的汽车租赁公司发号施令……这位78岁的老人显然还没有退休的打算。

而这对华尔街那些处于经营或者财务困境的大型公司 CEO 们并不是什么好事。

"企业狙击手""毫无感情的投机商""凶猛的鲨鱼""巨头企业对博者"……近40年的投资生涯,卡尔·伊坎(Carl Icahn)收获了如此多的名目。

将"凶猛的尖牙"对准那些上市大公司,运用诸多合法的金融手段,逼迫漠视股东利益的董事会做出战略改变、利益让步甚至是金钱割肉，为自己赢得丰厚的利润，同时也给追随他的股东们带来实际收益。没有人比卡尔·伊坎更安于此道。

通过对企业一次又一次的成功"突袭"，他成为令所有美国上市公司都害怕的凶狠野兽。

敌意并购高手的另类投资哲学

在繁华的曼哈顿街区历史悠久的通用汽车大厦（GM Building）顶楼，一间充满怀旧风情的办公室内，一位老人穿着休闲棉布裤子和船鞋，腰上系着似乎不太上档次的编织皮带，他脖子上缠着两副眼镜的，正埋头在黄色笔记本上写东西。

看到如此平和的画面，你一定不会将这一切和"华尔街狙击手"联系起来，但是无论以何种场景出现，这个人就是令很多企业家胆颤的卡尔·伊坎，这位以敏锐的嗅觉和闪电般速度著称的资深投资人，已经在华尔街驰骋逾半个世纪。

通过杠杆收购等手段，过去数十年间他成功"猎食"了数十家知名企业，从石油天然气到酒店，从药品到地产，从手机制造商摩托罗拉到传媒集团，其中不乏雷诺兹烟草公司、惊奇动漫、狮门影业、雅虎等行业大腕，而在1985年对环球航空公司的恶意收购，让伊坎 "企业掠夺者"的形象深入人心。

显然，伊坎的制胜之道并不复杂。简单来说，就是通过恶意收购目标公司，逼迫其以较高溢价实施回购，或者通过推进公司管理或策略的改革，让公司股票价格短期内快速上升，然后抛售套现。

但其中的关键是，伊坎在选择"猎物"时有着自己的独到之处。

"他会在最不可能的时候买入企业的股票，那时人们只看到企业毫无希望，所以在当时，很少有人会认同伊坎的做法。"瑞银的投资银行主管肯·默理斯曾这样表示。而伊坎对此的解释是："大家一致的看法常常是错误的，如果你随波逐流，成功就会远离你，所以我买的都是那些不那么耀眼、不被人喜欢的公司，要是整个产业也失宠于大众就更好。"

为了寻找这些不被人看好的公司，伊坎将自己埋身于曼哈顿总部高明的研究团队中。他常常一天打十多个小时的电话，对象包括投资银行家、对冲基金公司经理、分析师等一切能给他提供线索的人。一旦找好猎物，伊坎就会与同事们对该公司的每个方面都仔细分析，翻来覆去地分析。

而其高级顾问则表示："一半以上的好点子都来自于伊坎。"多年的投资生涯，已经让这位投资家练就了一双锐眼，"我通常都是在买没有人想要的东西。"——这也成为了伊坎自己总结的投资哲学。

不过，虽然从理论上来说，恶意收购者进入公司后会有一系列的举措，诸如将边缘资产抛售、更换经理人、回购股票来减少流通股数量等等，从而实现股东的权利。但是根本来说，恶意收购者的兴趣不在于提升公司竞争力，而是刺激股价上扬，从中获利。这种破坏性的投资是否真能保护股东的权益确实值得斟酌。

聚集财富的三大"法宝"

2013年福布斯全球富豪榜榜单上，伊坎以200亿美元的身家位居第26位。如此快速的财富聚集背后，和伊坎手中紧握的三大"法宝"密不可分。

有关资料显示，由伊坎一手创建和管理的伊坎合作基金曾连续三年年投资回报率达到40%，而根据伊坎企业最近发布的一份财务报表，伊坎的投资基金的回报率在2013年高达31%，正好与美国股市2013年的涨幅齐平。

伊坎合作基金已经成为其最重型的"法宝"。

这一已经运转10年的对冲基金管理着70多亿美元的资本，其中伊坎本人出资15亿美元。该基金不仅设定了2500万美元的投资门槛，而且还收取2.5%的年费和25%的年度净利润，比一般的对冲基金都要高（其他对冲基金通常分别只收取1%和20%）。据悉，在投资功能安排上，该基金主要投资于伊坎擅长的恶意收购领域。

与伊坎合作基金并行，American Real Estate Partners (AREP)也常为伊坎所用，成为其第二大投资工具。AREP是一家私募股权投资基金，过去的两年里共为股东创造了约40亿美元的财富。该基金的策略是：低价买入一家没人愿买的企业，之后把企业经营好，通常持有六七年，在公司获市场青睐时高价出售。伊坎用这个办法在房地产、赌场、能源等领域多次出手，屡试不爽，获利巨大。那些在20世纪90年代被该基金购买的公司，出售时的价格已是购买时的6倍。

此外，伊坎还将把自己另外20%的资金投入到每个伊坎合伙人公司购买的股票中，目前伊坎在这方面的投资达26亿美元，遍布交通制造、汽车零部件、金属再利用、电信服务等行业和领域。

通过这三大工具，过去40年时间，伊坎给美国商界制造了不少麻烦，给他自己和投资者都赚足了银子。

同为金融界亿万富豪的利昂·布莱克（Leon Black）曾这样形容伊坎："他喜欢赢，喜欢钱——但钱只不过是显示他发掘价值并赢得胜利的记分卡而已。"20世纪80年代，布莱克在德崇证券（Drexel Burnham Lambert）当投资银行家时曾为伊坎服务过，后来他与别人共创了私募股权巨头阿波罗全球管理公司（Apollo Global Management）。他说："伊坎既聪明又无情，不在乎别人的看法。虽然他并不总是正确的，但我永远不会当他的对手。"

充满争议的"激进投资者"

随着年事渐高，伊坎开始更加关注伊坎帝国的未来。他现在更喜欢用"激进投资者"来形容自己。

当然，与基里·梅斯特（Keith Meister）、丹尼尔·勒布（Daniel Loeb）和巴里·罗森斯坦（Barry Rosenstein）等新晋激进投资人相比，伊坎运营的资金由他全权控制，而且他可以将目标放在此前人们认为不可攻破的那些公司上。

因为伊坎现在所做的事已经发生了巨大的变化。过去他先是利用垃圾债券等杠杆工具来袭击企业，后来又搞明白如何通过对冲基金架构利用其他人的钱。现在他用的完全是自己的钱，他不再需要其他投资人的认可或批准。

激进而另类的恶意收购手法，注定让伊坎的形象并不是那么正面。然而，他却为很多普通投资者带来了实际的利益。他通过收购目标公司股份，以股东或董事身份寻求从内部改变公司，追求股东利益最大化，之后机构投资者积极参与公司治理，可以克服小股东治理激励不足，弥补大股东内部控制的缺陷。

《财富》杂志曾这样描述他：不管你信不信，现实中的伊坎是一个复杂而又多才多艺的人，他精通各种赚钱之道，可能他为股东赚的钱比这个星球上的其他任何投机者都多。

在很多人看来，伊坎早已到了退休的年纪，不过，和他交谈上几分钟，你就能发现他对投资其实是欲罢不能。

"退休了我能干什么呢，找地方玩沙狐球？"每次一提到退休，伊坎总是摆出一副打死也不干的样子。"想想亚历山大大帝，他就永不停歇。"伊坎说，你攻下一个国家，开始殖民，然后继续进攻下一个。

当然，伊坎和亚历山大大帝有着很大的区别。后者32岁就英年早逝，而前者78岁仍不见他放缓前进的脚步。

人物
PEOPLE

邓时锋：
投资要做"夏日里的雪山"

岳然 / 文

时光是人生最好的雕琢师。或许正如一句英文谚语所说：Men never grow up，they just grow old（男人从不会长大，他们只会变老）。

邓时锋的投资生涯始于国泰基金。弹指间，已经 13 年有余，他也从当初一个懵懂青涩的大学毕业生，成长为今天的一位全方位的职业投资者。

成长路上，他对国泰基金业有着一份特殊的感情："国泰基金有一个开放包容的环境，让我少走很多弯路，也从优秀同事身上学到很多东西，比如多角度看问题。这在我看来是这么多年最大的收获。"

邓时锋以及其他国泰基金"老男孩"的那些故事，一直在继续。

"夏日里的雪山"

欧洲中部的阿尔卑斯山脉，没有喜马拉雅般高耸、也没有安第斯山般陡峭，却最受世界各地旅游者喜爱，原因就在于其山顶在夏季里令人惊艳的雪山风景。

身为价值投资者，邓时锋深知"夏日里的雪山"的可贵，"做夏日里的雪山"亦成为他的投资名言。

"在市场充满泡沫、情绪高涨时，我们要坚守自己的投资理念和判断，不盲从，基金经理唯有这样，才能在市场热情退却时，屹立不倒，正如那夏日里的雪山。"

那么，如何才能坚守自己的投资理念和判断？

在邓时锋看来，独立思考的精神很重要。"保持一个客观冷静的心态，并且有自己独特的视角和观点，同时又能不断地从市场和同行身上学习到经验教训，这是优秀基金经理所需具备的品质。"

做全方位的投资者

"谋定而后动，知止而有得。"熟读《孙子兵法》的邓时锋用这句话概括自己所追求的投资理念，即谋划准确周到而后行动，知道在合适的时机收手，会有收获。

确实，投资中需要这样的智慧。

熟悉邓时锋的人都知道，他为人随性平和，没什么脾气，不过在做投资时却表现坚决。"对于选定的事物，我的坚定性比较强，一旦下定决心，操作力度很大，坚毅果断。"

谈及选股策略，邓时锋表示自己不会拘泥于估值，而是更注重投资逻辑的精炼。"简单来说，就是我很看重一个股票的买点到底是什么。"

邓时锋进一步解释，所谓买点，就是指这只股票的投资逻辑在什么地方？它的风险点在什么地方？对于这个潜在的收益和风险的评估，应该做到怎样的一个平衡点？

因此，他所追求的是成为一名全方位的投资经理，资产配置、行业配置、个股选择……"大多数基金经理可能只专注某一块或者两块领域，追求小而精，但我力求能在全方位的投资过程中全面发展。"

市场是最好的老师

邓时锋表示，对于投资而言，最重要的是学习能力。熟读《道德经》的邓时锋认为，把"圣人无常心，以百姓之心为心"应用到投资领域，就是"投资无常心，以市场之心为心"。

"这说明基于基本面的价值投资也是动态的、发展的，而不是固定不变的，研究价值是为了更好的匹配投资。在唯一不变就是变化的股市中，也不可能用固化的投资理念来套用变化的市场，需要我们感知市场的冷暖，在实事求是的研究基础上，在合适的市场环境下选择合适的股票。"

在邓时锋看来，做投资要以市场为中心而不是以自我为中心，市场是最好的老师。如果做到了"投资无常心，以市场之心为心"，那么也许才能够不论投资理念和市场环境如何，都能够保持客观冷静的心态，深入细致地研究，敬畏市场，保持持续学习和投资的能力，这样才能够离成功更近一步。

"市场是无穷的，由无数的聪明人构成的，每一个人最终都会在时代潮流中被淘汰。因此需要以市场之心为心，以客观事物发展的规律作为自己的规律。如果跟规律不一致，一定要修正自己，而不是让规律来适应自己。"

邓时锋强调，这一点表现在投资上就是要求做投资的人不能过于固执，否则就可能犯错。投资要做到的是坚定而保守、灵活而不盲动。

此外，学习能力也被他认为是做好投资的必备技能。

"最好的学习就是向市场学习，向同行学习，向书籍报纸学习，向网络学习，主动地强迫自己去学习新东西。"邓时锋表示，"学习要有生命，要学习总结有规律、自己能把握的东西出来，并且将其运用到实践当中，证明你的学习是对的。否则就是刻舟求剑、守株待兔，也难以从学习中获得成功。"

基金经理就像在战斗

在邓时锋看来，投资的成熟过程大概都可分成三个阶段，第一阶段，一个投资者往往觉得买的是股票。第二阶段，投资者会去关注公司的基本面，寻找好的公司，好的模式，追求更好的公司。而第三阶段，投资者会发现你投资的仍然是股票。在顾及基本面的同时还要考虑市场等综合情况。

对于投资者而言，无疑对学习能力的要求非常高。这一点，邓时锋深有体会。"每天上班有很多报告要看，下班回家也要继续看报告、看公告，还要对自己所关注的投资主题进行进一步的研究。"

投资是专注度很高的一件事，同时对专业要求也很高，这就促使了投资者不停地学习。"一旦停止学习，就有可能被市场所抛弃。"邓时锋坦言。

在邓时锋看来，投资企业就是不停地否定自我、不停地纠正错误判断的过程。"学习市场、判断市场、纠正自己，本身就是一个很痛苦的过程，同时在这个过程当中，要通过学习来寻找到自己的依据，是一个非常花时间花精力的过程。"

邓时锋表示，做投资需要连续不断地学习，而且不停地要跟年轻的、学习力强的竞争者竞争，这种竞争确实是一种很大的挑战。

"我觉得基金经理就像战斗一样，有一天，没有激情的时候就是该退出的时候了，能够一直战斗的可能毕竟是少数。"

光阴的"股市"

Q：能否回忆一下当初刚进证券市场的情形？

A：2000年刚入行的时候，基金行业才刚刚起步。那时候还不知道股市是什么，从来没有接触过股市，但是觉得这是一个朝阳行业，非常有前途。

Q：经历中有没有某人对你做投资很有启发？

A：更多的是在市场中学习。老子有句话讲"圣人无常心，以百姓心为心"，而对基金经理来说，这句话也可改成"投资无常心，以市场之心为心"。

Q：谈投资跟人性、勤奋跟业绩。

A：投资和性格还是有关系的，投资出色的人性格比较坚决果断。婆婆妈妈，犹犹豫豫，一定是做不好投资的。要做好投资，要找好一个适合自己性格的平衡点。

勤奋对于投资至关重要。

Q：最喜欢的一本书 / 一位投资大师 / 一句投资理念。

A：喜欢《孙子兵法》。

投资大师相对来说比较喜欢彼得·林奇。

"你的投资才能不是来源于华尔街的专家，你本身就具有这种才能。如果你运用你的才能，投资你所熟悉的公司或行业，你就能超过专家。"

程洲：
从相对收益到绝对收益

赵越 / 文

"对于一位基金经理来说，绝对收益是最起码的任务，应该勇敢追求绝对收益。"曾经的"公募一哥"王亚伟在离开华夏基金之际，这样阐述了他所认为优秀基金经理的"价值观"。

然而，在对冲策略较为单一的国内市场环境中，市场结构化行情此起彼伏，公募基金的绝对收益之路并不容易。

难行且行，这也是程洲的信条

目前，程洲旗下管理着两只基金：国泰金泰平衡混合、国泰聚信价值混合，都偏向于追求绝对收益。

与传统印象中冷静、寡言甚至有点闷的基金经理形象不同，程洲绝对属于"活力派"——他热情、健谈，采访中时不时妙语如珠；爱自嘲、笑点低，有种理科男的"天然萌"。然而，一旦聊起投资来，又瞬间变得非常专注。

2004 年加入国泰基金，曾经的少年十多年来已经被打磨成投资经验丰富的"老男孩"。谈笑风生中，程洲讲述了他在国泰基金的这些年，从相对收益到绝对收益的华丽转身。

转身绝对收益，知易行难

程洲作为一位在相对收益领域沉浸数年的基金经理，转身绝对收益无疑意味着巨大的挑战。

相对收益的关键在个股方面。如程洲坦言："做相对收益的时候，大家都喜欢个股，市场涨跌并不重要，只要涨得比别人多，跌得比别人少就行了，其实涨和跌本身并不重要。这样的模式并不适用于绝对收益，很难通过传统的价值投资方法来解决。"

第一，价值被低估的幅度可能超出想象。"对于相对收益来说不是问题，但绝对收益就有问题了——因为需要面临亏损，亏损就要面临止损，如何去承担这个风险？"

第二，价值是被低估了，但也有可能并不是在你的考核周期内实现价值回归。"它有可能低估两年时间，但我的考核周期可能只有一年甚至只有半年的时间，这就面临问题。"事实上，这个问题在做相对收益中也存在，不同的是相对收益不在乎亏损，可以通过继续加仓来持续摊低成本，绝对收益则不然。

2013年的国内市场与以往几乎完全不同，成长股火了一年，价值股却衰了一年。分化如此严重的市场，无疑是做绝对收益面临的一个更加艰巨的难题。

作为一位价值投资者，当价值被低估的幅度比想象的要多，价值被低估的时间可能比预期的要长，做绝对收益承受不了无限制的价格回撤。怎么解决这个问题？

"在传统判断价值的投资方法之上，做绝对收益还有很重要的两点：加入投资维度和对大资产配置的思考。"程洲表示。

给绝对收益加入投资维度

程洲认为，如果不能承受长时期价值的低估，或者说低估幅度超出承受范围，就必须在投资过程中加入一个维度——市场的其他投资者怎么看？

"这个时候就要看看市场的'小伙伴们'是怎么看的。"程洲笑谈，"如果大家和你想得一样，那就比较好了，价值回归的幅度、时间可能很快就可以实现，甚至实现之后还会有些高估，因为股价的波动会超出均衡值。"

"如果他们跟你的看法差异非常大，那你必须小心，可能会意味着你的价值被低估的幅度比预想的要大，价值被低估的时间可能要比预想的要长。这时你要承受一个很大的时间成本或者说是回撤的风险，就需要认真评估以及调整策略。"程洲表示，如果价值被长期低估，时间上就是个挑战。不像相对收益，基准点是跟着市场在波动，绝对收益的基准点是跟着时间在走的。

"时间就是我们的敌人，我得赶在它的前面，而且你能够承受的价值继续折价的幅度是有限的。绝对收益有个止损线，一个安全线的概念在里面，这些问题在做相对收益可能都会忽略不计，在绝对收益中却不容忽视。"

大量资产配置 + 风险预算

专注投资多年，程洲也看到整个公募基金行业的变化，2008~2009 年很多基金是靠仓位的大幅波动、资产配置大幅调整来做相对业绩的，比如 2008 年很多基金通过大幅度降仓，下半年的业绩回升得特别快。这种情况在过去两三年已发生了变化。

"现在基金仓位的波动越来越小了，大家也都轻资产配置、重精选个股，但是这样用在绝对收益肯定行不通。"程洲表示道。

程洲强调，绝对收益必须对大的资产配置有一个非常深入的思考，要考虑股票资产的风险与收益。

"公募基金做绝对收益用的工具并不多，一个是股票，一个是债券，债券无论长期短期，一般最后只要杠杆不高的话，到年底都能挣钱；而用来达到业绩基准，靠债券肯定是做不到的，都是靠股票在波动。"程洲表示。

"对股票资产本身的收益和风险回撤幅度一定要有一个判断，这个判断从任何一个时点看其实准确率都是不高的，这也是基金行业逐渐放弃资产配置一个很大的原因。"

程洲指出，资产配置虽然要去判断，但是由于准确率不高，在管理过程中要有一个风险预算在里面，有点类似于保本金的概念。

"有一个风险预算的值，这些钱输了之后，你能够通过你的其他资产补回来，至少能够保证你能有本金。"他说道，"购买每只股票，除了你本身对股票市场的这类风险收益的预测之外，还取决你的风险承受能力，这种管理方法和以前做相对收益是非常不一样的。"

光阴的"股市"

Q：能否回忆一下当初刚进证券市场的情形？

A：2000 年，我刚毕业就进了申万研究所，一开始做公司研究。同事几乎都是一块大学毕业的年轻人，都玩在一起，工作也比较轻松，还可以打打乒乓球，虽然我打得很烂，但那时候的时光非常快乐，是很好的回忆。

Q：经历中有没有某人对你做投资很有启发？

A：我喜欢看投资大师的书，但不看巴菲特，也不喜欢彼得·林奇，我比较喜欢安东尼·波顿。我的投资方法跟他比较接近，能够产生一些共鸣——都是控制风险，逆向投资，不盲目追寻市场热点。

Q：谈投资跟人性、投资与概率、勤奋跟业绩。

A：投资和人性是一脉相承的，你的性格就决定了你的投资风格。理念大部分都是由性格决定的，这就跟整个资产配置能够解释一个人90%的业绩一样，性格解释他的投资理念的90%。一个人的投资理念、风格一定是由他的性格决定的，最后一定跟他的人性是吻合的。

投资作为一个职业，肯定是大概率事件，能活下来的概率高，但你想成功，一定是做小概率事件。

少数人靠天分，大部分人是靠勤奋。业绩和勤奋是相关的，相关系数肯定在0.5以上的。

Q：最喜欢的一本书或一句投资理念。

A：霍华德·马克斯的《投资最重要的事》。

安东尼·波顿——便宜货的价值在于其不合理的低价位，因而具有不寻常的收益／风险比。

周伟锋：
80后基金经理自述——当我成为公募投资经理

柯智华 / 文

正在帮你管钱的 80 后基金经理，你真的了解他吗？

5 月 28 日，上证指数经历了今年以来最大跌幅，下跌 321.44 点。周伟锋想起了前几天看到的一则餐厅广告——"上证指数涨跌 5% 以上就免单"。真的免单吗？吃完晚饭后，他特意来到该餐厅"考察"，8 点 12 分，他在朋友圈发了图片并配以文字说，真的免费……

坦白讲，这样的事情落在担负着几十亿管理规模压力之下的基金经理身上，让人多少有点诧异。更让人诧异的是，其管理的国泰新经济今年以来取得了翻倍的业绩。

尽管忙，被称之为"调研达人"周伟峰，对于自己的兴趣项目如科技和长跑，却一样也没有拉下。"时间挤挤总是有的，边跑步也可以边想事情。"天性乐观的周伟锋说，公募投资就像一场越野跑，不能用力太猛。

"我希望做一个证券市场的产业投资者。"周伟锋说。

"越野跑"中的两次极端行情

5月20日，周伟锋在朋友圈转了一则公募基金投资者达2.2亿的新闻，同时他写道："希望每个客户，无论大小，都有好的收益。为了信任奉献回报。2.2亿基民，目前的规模仍然大有可为。希望客户别追高，基金是长期投资。"

但在这个只能记住冠军名字的资本市场，尽管周伟锋的业绩还不错，但于大多数投资者而言可能仍会比较陌生。

周伟锋，81年出生于湖南，21岁大学毕业后进入中国航天科技集团下属发动机厂担任一名技术员。2006年入读上海财经大学，2008年毕业后加入国泰基金至今，先后担任过行业研究员、基金经理助理、基金经理。

梳理自己7年多的公募经历，周伟锋说，国外的投资确实像一场城市的马拉松，而我们当前的投资环境更像是进行一场越野长跑，需要适应更多复杂的投资环境，调整自己的投资节奏。

具体而言，就是公募不能用力太猛，个股集中但行业不集中。这样的好处是，每个阶段基金的组合投资都会有稳定的回报，坏处则是几乎不会一战成名。

2014年9月份，意识到牛市的到来，周伟锋配置了15个百分点的券商，之后券商大涨依然受到资金追捧时，他则开始卖掉券商，依然维持在15个百分点的行业配置。

"去年 11 月份之前，我们的业绩一直都是领先的，但是在一个月的券商极端行情后，我们的业绩就显得不那么突出了。"周伟锋回忆说，当市场资金依然在追逐券商的情况下，他则在开始逐步买入一些异常便宜的小股票，调节投资组合的平衡。

"今年一些涨了五六倍甚至更多的小股票，都是在去年 12 月份就买入的。但是今年的牛股当时买得手发软，交易量极小，天天跌。"周伟锋说。

笔者问周伟锋，别人净值在不断的增长，而你的却变化不大，和当时的市场背道而驰，你不担心吗？

"每年都有一两个月压力会非常大，而最大的担心就是极端性行情到底能够持续多久。但我对市场的研究发现，极端性行情一般也就一个月，就像去年年底的券商行情，今年 4 月的创业板行情，还有 1999 年的权重股行情，基本都维持在一个月左右。"

"投资是一个组合的概率游戏，如果过分集中在一个行业，一旦出错对基金伤害则会非常大。"周伟锋补充说。

对风险的严格控制，则让笔者想到周伟锋在朋友圈持续的对跑步的记录。

2014 年 5 月份，周伟锋开始长跑。5 月 18 日，他说"先把体重风险控制好，才能控制好投资风险。向各位学习，争取把入司七年来涨的体重，在年底前甩出去。"

5 个月后的 10 月 8 日，他的记录则是：提前完成 5 月给今年定下的奋斗目标，

1000 公里大关。特意跑到高大上的徐汇滨江去完成这个目标，继续战斗。

有意思的是，即使出差到陌生城市，他也没有停下，而记录的时间多在深夜。

科技达人的互联网＋思维

除了"长跑达人"这个称谓外，周伟锋还有两个达人称谓："科技达人"和"调研达人"。

上个世纪末，阅读报纸获取信息是当时的主流，而对于大学生周伟锋而言，电脑报、体育和财经是其每期必买的主题报纸。"1999年大二的时候，我就尝试过网购。"周伟锋说，通过招商银行网银，他在8848.com用6块钱购买了定价为12元的网络小说——《第一次亲密接触》。

他不但是中国最早使用手机发短信的用户，"当时用手机发短信都是免费的。"一两年后他又尝试了手机的新业务，成为使用联通CDMA手机联到笔记本上网用户。"那会儿CDMA手机要四五千，相当于两三个月的工资，网费包月价100元。"周伟锋说。

就像一个小孩对糖果味道的期待，每次一些新的科技产品出来，周伟锋总想去尝试研究。以手机举例说，他的换机频率是一年一个，新的手机在用，而老的手机则会被他储存起来。去年1月份，他第一时间使用移动4G网络，体验后便在朋友圈大力推荐。

"对这些新的东西我兴趣很浓厚。"周伟锋说，就像入行8年来，有人总会问他的投资风格是偏向成长还是价值，"但后来我的思考是做一个产业投资者"。

"每一轮行情的主线都不一样，上一轮行情的主线是投资，而这一轮投资的主线是创新与科技，当然，他们的共同点也许是阶段性结构化的泡沫。"周伟锋说，但是从更宏观的角度来看，一些投资大师在产业初期就看到了产业长期的空间。

在这种的逻辑之下，他今年年初向公司推荐了三种公募基金的设计思路，其中之一即是互联网+。"目前上涨的是互联网，市场只关注了互联网而对互联网+关注不多。"周伟锋说，下一波机会是互联网对传统产业各种效率的提升和价值挖掘，这类传统企业蕴藏着投资机会。据悉周伟锋提及的国泰互联网+股票基金将于7月初发行，由他担任拟任基金经理。

与产业投资思维相对应的是勤奋的调研。"相较于研究报告，我更希望出差去调研，去上市公司和高管沟通，和这个行业的上下游去聊天，聊对这个行业的看法。"

航旅纵横统计的数据显示，在2014年全国飞行土豪排行榜上，周伟锋的购票消费击败了全国97.5%的用户，共计飞行57次67931公里。足迹遍及全国14个省份，最北到北京最南到海南。延误36次，延误时长1443分钟，全国延误排名靠前97.84%。

"2014年，跑了不少调研，2015年，争取继续多跑跑，欢迎同跑。"周伟锋在朋友圈中写道。

杨飞：
好业绩有理有据，2016年继续看我的！
柯智华 / 文

当理性的理科男遇到感性的A股，会擦出什么样的火花？

2015年上半年，理科生杨飞买了一半仓位信息化主题的个股，却没有买这个行业里最"牛"的票——京天利、安硕信息、银之杰等；股灾国家出手救市时，刚把仓位降到下限的杨飞选择固执到底——不加仓；随后的9月，市场犹豫不决，杨飞却一口气加仓到高位……

最终，杨飞管理的国泰估值凭借104.32%的收益，排名行业同类第七。这是他担任基金经理后第一个完整年度的成绩。

靓丽业绩的背后，则是枯燥无趣的重复。这一年里，杨飞的生活节奏和6年研究员时几乎一致：7点起床，8点之前到公司，处理邮件、看报告、参加路演、和研究员碰面、看上市公司公告，11点结束工作。每周锻炼，打羽毛球乒乓球，偶尔参与棋牌类游戏……

"我是一个讲究纪律性的人，喜欢有理有据的投资。"杨飞说。

理科生的偏执：只相信有理有据

2015 年年初，正式出任基金经理不到 3 个月的杨飞信心满满地告诉领导：我对 2015 年很有信心，因为很多业绩增长确定的成长股，其估值已经跌至二十多倍，按照 50% 的增速计算，股价至少有 50% 的涨幅。

作为国泰基金内部培养的基金经理，1982 年出生的杨飞， 2008 年从上海财大硕士毕业后一步一个脚印，在诺德基金担任研究员，一年后入职景顺长城，2011 年 2 月份加盟国泰基金。

"基金经理和研究员最大的不同就是可以将想法变成现实，实际操作资金。" 在随后的 2015 年，这种理科生身上显现的基于逻辑带来的深度自信不时出现。比如，根据其管理的基金三季报，十大重仓股中多只持股比例超过 9%。

笔者询问杨飞，高集中持股会不会风险比较大？"三季报之后的持股集中度更高。有时候，我会给我领导说，我敢配 9 个点，那说明我有足够的信心。"

杨飞解释说，集中持股和分散持股并不是一成不变，而是根据市场特征而定的。 "2015 年上半年，计算机行业我配置了一半仓位，个股分散投资，因为牛市中不知道谁先涨。股灾后，主要是存量资金行情，因此我重仓持有行业景气度好、业绩确定的公司。"

"我喜欢有理有据的投资，赌的东西我不擅长。"杨飞强调说。

为了说明操盘逻辑的有理有据，杨飞进一步举例说，比如2015年上半年我用一半仓位，分散地配置了计算机行业，但是涨幅最牛但没有业绩支撑的个股我并没有买，都是一些业绩成长确定的公司。

逻辑带来自信，与此相伴的是干净利落的操盘以及近乎执拗的坚持。

2015年7月3日，杨飞将仓位降到接近下限，随后的周末多部门联合出台救市政策，但杨飞一直保持静观状态到8月底。"反弹时看着别人净值大涨很难受，但我卖股票是因为太贵了，再买回来不是自己打脸吗。"

两个月后，当股票跌到心仪的价位后，杨飞没有等待，而是选择一步加仓到位，"国庆刚过，基本满仓了。"

对于自己的选股思路，杨飞总结说，挑一些景气度比较高的行业，做基本面右侧的成长性投资。比如两年前我不会投新能源，因为无论行业和公司都没有出现盈利，抓的是盈利最确定的部分。

"赌的东西我不擅长，读书时做选择题，不懂情况下猜一个，基本是错的。"

杨飞表示，今年上半年有机构问我，你不擅长什么市场？我说疯市，凭借胆量完全赌博的市场。不管你是下跌也好，上涨也好，只要不是那种没有逻辑疯涨的市场，我觉得我都还可以。

"健康中国这块肯定是大趋势"

值得一提的是，除投资之外，杨飞其他方面都极为内敛。他从来没有在微信朋友圈发表过文字，以致经常被人误以为是小号，"其实就一个微信号。"

杨飞解释说，更多的时间他喜欢去想、去总结投资的事情。"我是一个讲究纪律性的人，喜欢观察和学习，我做研究员时，会定期梳理一下研究的行业里涨幅最好的公司：背后的逻辑和原因是什么？到明年这个逻辑还在不在？原因在不在？"

在从研究员转变为基金经理一年多后，杨飞将迎来自己的首只公开募集的主动管理型基金——国泰大健康股票基金。

"大健康不但包括医药、医疗，还有康复养老、环保、文化娱乐等和人体健康相关的公司。十三五健康中国这块肯定是发展的大趋势。而且他比传统的医疗基金投的范围更大，一旦医药行业有波动，比如 2011 年医药整体下跌了 30%，那我还可以投其他符合大健康背景的产业。"杨飞说。

谈到 2011 年医药行业的整体下跌，杨飞还讲述了一段往事。

2011 年 2 月份，加盟国泰基金后的杨飞他志满意得，计划在两年时间中完成从研究员到基金经理的角色转变。"我是景顺长城的第一个医药行业研究员，之前 2 年时间里帮助公司赚了很多钱。"

医药行业在持续两年牛市后，2011 年戛然而止，中证医药卫生指数大跌31.07%。

翌年初，杨飞报名参加了公司的基金经理助理竞聘，但最终落选。"我那个时候特别希望能够竞聘上基金经理助理，落选后确实失落。"杨飞回忆说，这次挫折后很快就调整了心态，2013年研究员考核排名第一，同一年顺利当上基金经理助理，2014年成为基金经理。

"2011年医药行业调整，我并没有给公司贡献多少收益。"杨飞接着说，下跌并不是说医药行业前景不好，而是因为之前涨太多了，而大健康股票基金更宽的投资范围有助于避免基金净值的大幅波动，使得基金净值更加平稳。

而对于该基金的收益，杨飞认为即便遭遇2016年市场开局不利的情况，但他仍有信心取得良好业绩，"机会是跌出来的，市场近期不理性的下跌，为我之后的建仓提供了机会。"

"希望我管理的规模越来越大，现在的规模10个亿多一点，这是短期目标；中长期目标是每年都有绝对收益，相对排名也比较靠前。三五年后，这只基金也有不错的表现。"杨飞如此讲述着自己的愿望。

黄焱：
正值当打之年的"老男孩"
《资智通鉴》编委会／文

1988 年 3 月 5 日，国泰基金应运而生。在十多年来愈发竞争激烈的基金行业中，形成了自己稳健的投资风格，用国泰基金总经理助理兼权益投资负责人黄焱的话来说：国泰基金权益团队是一群正值当打之年的"老男孩"。

国泰基金在权益类投资方面具有充分积淀的经验优势，基金经理从业人员从业经历基本都在 15 年以上，结合国内外经验来看，大部分基金经理在初期阶段（从业经历 10 年以下）往往会表现不稳定，而目前国泰基金的团队正值当打之年，投资风格整体稳定性较好，有利于给客户带来持续稳定回报。

不盲目追逐市场热点

在过去数年中市场偏自上而下风格，去年以来转向更偏自下而上，这使得很多基金经理一时不适应这种市场风格变化。

黄焱表示,在目前市场状况下确实很难做到完全自下而上,对市场中数千只股票的筛选标准也需要不断动态调整,国泰基金是自上而下和自下而上两种风格相结合,认为对宏观的理解和对个股的挖掘同样重要,不过具体到每位基金经理,都会有自己独特风格。

黄焱透露公司内部有一套授权制度,基金经理按照正常流程上报的投资抉择,经过充分沟通交流后,在投决会层面上往往不会否定,而投资决策委员会的主要作用就是整体风险的把控。

"在操作上的任何干预都会阻碍基金经理成长,我们希望成就一个基金经理而不是限制其发展,这是我们这些年来所坚持的理念,尊重和鼓励投资团队个人投资风格,发挥每个人的投资优势。"

"不过个性中也有共性,虽然允许基金经理有不同理念,但最重要的就是独立思考,在投资上坚持本心,不随波逐流,不去追逐热点,这也是我们能在业绩表现上相对稳定的原因;其次就是深挖公司价值,收益一定来自公司价值的体现,而不是概念或者炒作,这是国泰基金这么多年自然形成的投资风格。"黄焱指出。

黄焱表示,国泰基金并不会因为基金规模大小不同而使业绩有差异,即使是小规模的成长型基金也不追逐热点,即使基金经理管两只规模不同的基金,也必须公平对待两只基金的交易,如果方法受制于规模,那这种方法体系需要修正。"我们不追求行业排名前几名,因为一旦次年基金业绩波动,规模会迅速缩水,只有持续稳定增长才会受到投资者欢迎。"

挫折是笔宝贵财富

据了解，国泰基金在基金经理培养上实行以老带新的模式，即"导师制"——根据新老基金经理的双向选择确定，更多的是一种投资理念和方法上的交流，不会指导和干涉日常的具体投资。

"任何一个人，当没有人与其讨论时就会很快犯错误。"黄焱表示，"如果成长过程中没有遇到过挫折，我们会认为是不成熟的，可能将来的某一时刻会犯一个更大错误，特别是承担更大责任的时候，因此挫折是一笔宝贵的财富。"

"国泰基金更注重对基金经理投资方法体系的指导，在其不断成长的同时给投资者带来较好收益。"黄焱表示，"有时即使告诉了一些基金经理问题所在，对方也不一定能接受，因为只有经历过才会明白，这就是成长。"

黄焱认为"逆商"很重要，所谓逆商就是在困难中是否有打不倒的精神。

"国泰基金并不是一个温床，也有严格淘汰机制，一年相对收益排到行业后四分之一，在公司帮助和个人努力下，希望看到基金经理方法体系方面的调整，如果基金经理心态能稳住，大部分会回归正常，因为市场风格总是轮动的，如果次年仍看不到改善，基金经理一般会面临淘汰或者转岗，我们无法容忍连续两年排名后四分之一，这也是我们对持有人负责的表现。"

风险是投资最大的敌人

风控是基金公司的灵魂，作为国内第一家基金公司，国泰基金有严格的风控与合规体系。

黄焱认为，由市场风险所导致的业绩波动是最大的敌人，对风控把握的关键还在于投资理念和对于投资本心的坚持，深挖价值是唯一的选股原则，而不是短期策略和题材消息等等，这并不是说对市场热点漠视，关键是要符合我们深挖价值的风格，不仅涉及利润增长，还有企业成长潜力、行业发展路径等等。

针对2014年整体上的投资机会，黄焱表示他会采取比较中庸方法，对传统产业会持有一定比重，也会积极寻找新兴产业中估值合理个股；同时关注新股，这仍然是一个制度性红利带来的机会。

光阴的"股市"

Q：能否回忆一下当初刚进证券市场的情形？

A：我最早接触资本市场是从期货开始的，那时候大概在1993年，中国的股市还处于"蛮荒时代"，当时都是"看图说话"，接触最多的都是K线大全、箱体突破等，几乎没有对基本面的研究。

Q：经历中有没有某人对你做投资很有启发？

A：我本身是理科出身，在证券市场初期投资风格比较粗放，在我进入到平安保险托管中心（平安资产管理前身）后，才开始接触基本面研究。

2000 年左右，当时我在平安主要做研究与投资，主要负责权益投资这块，只能投基金，那时候中国基金业才刚成立两年，对早期的市场风云人物都很熟悉。

当时一些比较偏基本面派的基金经理，对我转入做正规的机构投资、去挖掘公司的基本面有很大启示，比如长盛基金的肖华等。

Q：谈投资跟人性、投资与概率、勤奋跟业绩。

A：投资是反人性的，在投资过程中你所有的人性弱点都会充分暴露，如果不能克服最终会完完全全被市场所打败。

投资就是做大概率事件，然而在一个短时间内来看，发生的往往是小概率事件，因此做投资要有比较强的抗压能力，有时候失败并非因为你不够努力或者判断失误，可能与运气有关。

勤奋跟业绩短期内是不相关的，如果市场氛围跟你认同的方向不吻合，甚至越勤奋结果越糟糕；从长期来看，勤奋与业绩是呈正相关的，这可能要观察五年甚至十年。

Q：最喜欢的一本书 / 一位投资大师 / 一句投资理念。

A：关于投资理念，我相信"均值回归"这个道理，它既是我的投资理念，甚至也是我的人生格言，任何东西当它偏离了均衡状态，迟早都会回来。

张玮：
行情第一波早介入很关键

《资智通鉴》编委会 / 文

不念过往，不畏将来，才能在投资的长跑中取胜。

据银河证券数据显示，截至 2014 年 3 月底，国泰基金张玮所管理的国泰中小盘成长、国泰成长优选以及国泰金鹰增长三只基金，今年以来在可比同类型产品中皆排名前十分之一，延续了以往良好的表现。

展望未来，张玮认为 "虽然宏观经济复杂多变，但我们会坚持投资本心，看重上市公司本质"。

多重因素掣肘股市

针对宏观层面，张玮表示，中国近几年股票市场风格集中展现经济转型特征，在此背景下经济增长动力在衰减，PMI 指数和月度发电量都低于预期，也很难靠消费来大幅度拉动经济增长，这涉及收入分配改革、社会保障体系建立等方面。

张玮称："对股市影响还有资金层面因素，整体来讲资金环境总量偏紧，特别是在证券市场中一部分资金流向风险没有被充分市场化的理财产品中，股市在存量资金参与情况下热点只能在不同板块切换，自然会形成'跷跷板'效应，叠加了追涨杀跌习惯后，会加剧这种风格分化。"

不过股市中也有一些新的机会。"并购浪潮不会弱于当时股改，会带来一种系统性机会。"张玮认为，过去的资本市场作用并不完善，资本运作更多是借壳，近些年一些想做强做大的企业，通过初期外延的并购变成内生的增长，未来中国资本市场越来越市场化，公司增发、再融资、并购等审批会越来越少，给上市公司提供的政策环境越来越宽松。上市公司保持高估值有利于将企业扩展壮大，体现一种现金对价能力。

探寻行业细分领域

2014年股市热点延续去年，主要集中在新经济领域。张玮介绍称，2014年业绩良好主要是原有一些持仓品种集中表现，主要分布在汽车、医药、信息服务等板块的一些个股带来的超额收益。

"虽然行业有相似性，但个股有差异，光伏、科技、医疗等仍然是现阶段转型期中重点关注的方向，战术方面短期会有一些调整，比如TMT涨幅很大会阶段性减持。"

张玮比较看好医疗和汽车行业,他表示,随着医疗行业改革,放开民营资金进入,会带来整个行业利润重估。因此医药行业中部分细分领域也存在机会,特别是一些主业跨地区高速发展,有政策红利的制药企业;汽车股较早就开始介入,新车销售已经从高速增长进入低速增长,未来势必会产生一个较大的售后市场,一些在战略上重视售后市场的公司会有机会,例如在二手车交易、汽车租赁以及车联网等等。

动态眼光看待估值

关于投资理念,张玮认为最关键的是判断估值。

"早介入很关键,在建仓、持有和卖出三个方面也要动态来看,选择标的一般市盈率在 20 倍以下,这样可以给自己判断错误留下一定安全边际;如果涨幅较大股票估值变贵,但公司还是在正确发展轨道上,达到或超过我们预期,就可以继续持有——估值风险加大的同时主业风险在弱化,例如业绩高成长股票,能接受 30 倍乃至 40 倍水平的市盈率。"

"卖出的时候,考虑内在因素首先关注公司业绩增长与预期之间是否发生偏差,业务发展方向是否有大的出入,这涉及公司发展能否支撑股价继续上涨。除此之外横向比较,如果有性价比更好的标的,也会考虑换仓,还要叠加对市场热度的判断,市场风格是不是在成长股。"张玮表示。

张玮称，选择一只股票的因素很多，前提是有一个方向性判断，比如不会在钢铁、煤炭等传统行业找机会。

"相较于公司的核心竞争力而言人更重要。企业和人一样有生命，企业管理层会深深影响到公司发展策略和未来，某种程度上会超越行业周期的影响。老板的眼光、格局和视野，包括从业经历，社会资源和专业技术等都会起作用，特别是现在一些轻资产的 TMT 企业，核心资源就是人。"

张玮的风格也反映了国泰基金整体的投资风格，张玮称，国泰基金投资特色就是重视个股挖掘，特别是自下而上寻找个股，对于一些重仓股来讲主要从价值出发，前期介入的时候估值较低，但涨起来是利润释放，而不是其他概念性催化因素。

因此，国泰基金重视人才的选择与培养，除了对研究员的严格选拔，从研究到投资的转换也是进行人才培养的重点。

光阴的"股市"

Q：能否回忆一下当初刚进证券市场的情形？

A：我是 2000 年进入资本市场，大学里学的是金融，但我对计算机行业特别感兴趣。毕业后到申万研究所去做了一名 TMT 行业的卖方研究员，那个时候恰逢网络股火热，很多所谓的网络科技公司只要与互联网沾边就被炒得很火，但后来随着泡沫破裂又大幅度下跌。

Q：经历中有没有某人对你做投资很有启发？

A：很多人在我一路成长中给了莫大的帮助。我也看了很多前人的书籍，我的思路是寻找成长股，所以我比较倾向于像费雪，还有彼得·林奇。

Q：谈投资跟人性、投资与概率、勤奋跟业绩。

A：我们都清楚，股市充分展示了恐惧、贪婪的人性特点。市场的狂热或恐慌气氛，容易动摇基于基本面的研究判断，"随大流"容易给人带来安全感，但往往"真理掌握在少数人手里"。人性之于投资，我想大概因为"投资如做人"，能正确认识自己和他人的人性，做到扬长避短，做好自己也就能够做好投资了。至于勤奋和业绩，勤奋是业绩的充分条件，不是必要条件。我认为也许在一段时间内，不靠勤奋也可以获得很好的回报，这是有运气成分的，阶段内可能业绩表现出色，但长期是不可能。

Q：最喜欢的一本书／一位投资大师／一句投资理念。

A：我最喜欢的是查理·芒格的书，比如他的《穷查理宝典》。查理·芒格的书让我觉得投资其实就是一种常识，我们每个人都用常识去判断一家公司的管理层、它的新业务，但是每个人的常识都是不同的，这就要求"功夫在诗外"了，只有有了更宽广的视野，才会更大概率地获得成功。

范迪钊：
跳出小逻辑　思考大道理

宋宇阳/文

在 2014 年举行的第十一届中国基金业金牛奖评选活动中，国泰金牛创新获得了五年期股票型基金大奖。

早在 2013 年就有机构统计，从 2009 年到 2013 年 10 月 31 日，纳入观察的 323 位基金经理中，仅有 4 位穿越了震荡市行情，即在市场发生转换时仍能保持良好的业绩，国泰金牛创新基金经理范迪钊就是其中之一。

2005 年加盟国泰基金，范迪钊的 A 股投资生涯可谓从这里起步的，历任研究员、基金经理助理、基金经理、权益投资事业部投资副总监，几乎经历了投资生涯的每个节点。

十年间，从股市研究到投资实践，范迪钊也水到渠成地收获了"金牛基金经理"桂冠，这些年他究竟有哪些心得与感悟……

独立思考要结合客观理性

基金经理经常会面对自己的判断与市场不一致的情况，该如何处理这种局面？

"独立思考对于职业投资人来说是最重要的，当然这并不意味着犯错时仍固执己见，在独立思考基础上还要做到客观理性，这样才能保证思考的方向是正确的。"范迪钊介绍道。

在他看来，个人很容易陷入到一种主观状态当中，这时就需要换位思考，而不是被自己的情绪所左右。对于自身不理解的市场行为，基金经理不要一味地加以排斥。

"市场表现一定有它的道理，不会无厘头涨跌，入场者都是拿真金白银参与，此时我会去尝试理解市场的逻辑。"范迪钊认为，在理解市场的基础上再去做独立判断，才会得出一个客观理性的结论。

同样的，有时候也会碰到其他一些情况，比如股价表现很好但投资逻辑未必是正确的，或者基于短期是对的而长期来看是错的，再或者市场的想法是对的，然而并不符合基金经理的投资风格、投资偏好，"对于投资而言，很多机会都可以赚钱，但你不可能把握每一个机会"。

跳出小逻辑 思考大道理

一般而言，职业投资人都会建立一套自己的投资逻辑，但有时候过分强调它，反而会深陷其中、不能自拔，这时就需要跳出"小圈子"，尝试从经济规律、社会趋势这些大的方面来指导投资，这样思路才会更加清晰，正所谓"不知庐山真面貌，只缘身在此山中"。

范迪钊有一个案例可以分享：2012年，白酒价格上涨势头迅猛，一些研究员前来推介，他们遵循了一个看似"完美"的逻辑——经销商通过囤货来抬高白酒的价格，白酒价格上涨推动了股价的上涨，白酒和股价齐涨又强化了供应紧缺的假象，反过来又进一步加剧了囤货的现象。

范迪钊当时却对这种"完美"产生了质疑。为此，他做了市场调研，发现许多成长很快的白酒品牌，都是通过B2B业务（对公渠道）做起来的，随着价格的上涨真正掏钱购买的普通消费者却越来越少。

"一个典型的消费品包含了越来越多的投资属性，此时白酒的酒价和股价，已经包含了太多的投资预期在里面，甚至连经销商都在靠股票赚钱，这不是一个正常的现象。"范迪钊的这种冷静也使得他躲过了市场风险。

很多时候，这种自我加强的正循环往往会愈演愈烈，把投资人裹挟到一个"小逻辑"里，不能自拔。"这时就要跳出'小圈子'，在更大的范畴内思考更普世的道理。"范迪钊强调，投资的逻辑不能违背经济的规律，更不能违背社会发展的趋势。

穿越牛熊在于少犯错误

很多基金经理的表现与市场风格"捆绑"在一起，有持续看多或者持续看空的思维惯性，而范迪钊为何能克服这种惯性，成为少数穿越牛熊行情的基金经理？

"大部分基金经理都在犯错，他们没有发挥出应有的水平，更多是心态上的问题。"范迪钊认为，之所以他管理的基金长期业绩比较出众，并不在于他本人比别人更出色，核心在于他犯的错误比较少，尤其是大错。

他认为，自己过去几年国泰金牛创新基金的业绩能够排到市场前十分之一左右的位置，更多的原因在于组合管理的意识和良好的心态，使得他在过去几年没有犯太大的错误。

"简单地说，我自己有多少水平都发挥出来了，而很多人因为心态、情绪等原因没有发挥出自己应有的能力，或者在组合管理上方法不得当。"范迪钊总结道。

他认为自己最大的优点在于：第一，心态比较平和；第二，注重短期跟长期的结合，在一定的边界里追求最好的效果；第三，组合管理注重均衡。

光阴的"股市"

Q：能否回忆一下当初刚进证券市场的情形？

A：2000年，我进入到一家外资券商做财务顾问，后来接触了H股市场，当时觉得离市场很远。2005年，我来到了国泰基金，开始接触A股市场投资，可以说我是在国泰基金这个平台上成长起来的。

Q：经历中有没有某人对你做投资很有启发？

A：给我印象最深的是万科的总裁郁亮，当时万科做股权激励，其中一个行权条件是第二年的股价要比第一年的高，这在所有的上市公司中是非常少见的。

当时郁亮对此的解释是："股东没有赚到钱，我们怎么好意思拿激励。"这句话对我印象很深。联想到基金经理也是一样，我们的价值不在于相对排名如何，而在于你为持有人创造了多少价值，为公司带来了多少收益。

Q：谈投资跟人性、投资与概率、勤奋跟业绩。

A：投资要理解人性、克服人性，理解人性是为了预期他们的群体性行为，提前做一些判断；克服人性是克服自己的人性，基金经理也是人群中的一员，有时候很难跳出来。

从做组合投资来讲，我总结了两点：第一做大概率事件，第二防范小概率风险。

勤奋与业绩不是必然的联系，一方面这是信息爆炸的行业，需要大量的时间投入，去分析理解这些信息，需要一定的勤奋度；另一方面，如果做投资比做实业还要辛苦，一定是方法出了问题，因为基金经理无非是把钱投给企业家去创造价值，不应当比企业家更辛苦。

Q：最喜欢的一本书/一位投资大师/一句投资理念。

A：《九人》是一本讲美国最高法院运作体系的书。美国的最高法院有9位大法官，他们已不再有条条框框，主要从内心出发、从美国建国的基础出发，基于最根本的价值观做决断。投资也一样，做到最后也是没有条条框框的，很多时候你要从事物的本质出发，找到一些核心的价值观，在此基础上去形成你的方法体系。

王航：
弱水三千 我只取一瓢饮

王景毅 / 文

逆向思考，顺势而为——这是王航对其投资理念的深刻总结。

在这样的理念指导下，他在 2013 年取得了不俗的业绩：其管理的国泰金鑫基金在 19 只封闭基金中排名第一，一举拿下了 2014 年晨星封闭式基金大奖；而另外一只国泰事件驱动基金，无论短期业绩还是中长期业绩均处于同类基金的前列，2013 年在同类 339 只可比基金中排名第 37 位。

"每个人都有自己最擅长的领域和投资方法，'弱水三千，只取一瓢饮'，市场存在很多机会，其中我们所能把握的必然是和自身能力圈边界相匹配的。"

这位在国泰基金有着十多年从业经验的"老男孩"坚信：在能力圈范围之内将你所擅长的发挥到极致也是一种成功。

用"大树理论"进行选股

观察王航十多年的从业经历，不难发现，其管理的所有基金都偏相对收益，不论是现在的国泰金鑫封闭、国泰事件驱动策略、国泰金龙行业精选以及国泰国策驱动灵活配置混合，还是较早期的社保111组合、国泰金鹿保本等。

"弱水三千，只取一瓢饮"，在自己所擅长的相对收益领域，王航坚持着自己长久以来形成的投资方法和逻辑。

"相对收益比什么，其实就是自己的选股和选行业的能力。"以选行业为例，他更喜欢从中观的角度入手寻找投资标的。

首先，找到较好的投资方向。这些投资方向或是符合产业发展趋势，或是符合整个宏观经济背景，或是符合技术进步趋势；其次，再去寻找相关行业。哪些行业成长的空间更大或者增速更快；最后，观察行业中是否已经有龙头企业出来，这些就成为了王航的选择目标。

"我还是比较倾向于行业中的龙头企业，因为他们的管理能力、产品研发水平或是成本控制等，都经过了市场的印证，发展比较稳定并且更具竞争力，往往能获得比行业平均水平更快的增速。"

而这也被王航形象地比喻为"大树理论"：好比一棵大树，树主干就是符合行业发展趋势，树枝代表各个行业，叶子就是最后的投资标的。

事件驱动更重交易策略

在王航管理的基金中，不得不提的是国泰事件驱动策略基金。

这只基金是国内第一只明确提出利用"事件驱动"投资策略进行资产配置的产品，2011 年成立以来一直由王航管理，截止到 2013 年底，其规模达到 3.47 亿元，在同类 339 只可比基金中排名第 37 位。

区别于国外事件驱动基金更加注重选股策略的特点，王航更加强调交易策略。

"股票背后代表的其实还是公司，但市场中真正有长期投资价值的公司非常少，而且很多买方、卖方都在覆盖它们，所以其市场价格和价值差别不会太大。但是当一些大的事件出现时，市场短期之内对其事件背后所蕴含的信息解读不充分，就会形成错误判断，造成价格和内在价值的偏离。"

"所谓的事件驱动就是抓住这样的偏离去做交易，因此它更多的是一种交易策略。"

这时，抓住买卖时机和基本面拐点，便成为事件驱动基金的重点。

"事件性因素都是一些公开的信息，比如盈利超预期就是一个非常重要的基本面事件，这时你可以去看这家公司的季报，对比过去两年的数据，如果都是超预期的，那么基本面已经有判断了，这就是一家好公司，可以进行加仓。"

对此，王航还将其形成一种固定的交易纪律，"如果每个类似事件出来都要进行鉴别分类，会比较麻烦，形成一定的投资纪律之后，就基本按照这个纪律来做判断，排出市场中的干扰，当然有对有错，但是目前的效果还不错。"

逆向思考　顺势而为

在"以投资业绩论成败"的公募基金领域，每一位基金经理不得不面临的问题就是排名。而这，在王航看来，也是投资的"遗憾"所在。"不论牛熊市，都要和别人去比较，压力在所难免，但关键在于怎么看待压力。"

当然，和短期压力相比，他更加看重的是长期业绩表现，"如果你的目标是长期的，但是短期的市场表现和你原来的预判不太一样，这个时候就要去寻找原因，根据原因进行调整。如果你认为自己的判断是对的，那么继续坚持。"

而坚持的过程往往是痛苦的，这时"逆向思考，顺势而为"这一投资理念就显得尤为重要。

他进一步解释道："'势'是市场内在的规律，是'阻力最小的运行方向'，首先，要尊重市场规律，并根据所掌握的信息，对趋势形成的原因及其对资产配置、行业和个股所产生的影响，做出明确判断并采取相应的行动。"

逆向思考则要认识到市场中对信息反应过度和反应不足等市场行为偏差是围绕"势"波动的扰动因素，要借助逆向思维来屏蔽噪音。

另外，王航认为逆向思考还要敢于质疑被普遍认可的"真理"，跳出以往的惯性思维圈，以另一种角度看问题，从而抓住别人看不到的投资机会。

光阴的"股市"

···

Q：能否回忆一下当初刚进证券市场的情形？

A：1997年毕业之后首先进入南方证券，从事投资银行业务，主要负责证券一级市场的发行、承销等，看企业更加近距离一些，对后来看二级市场上的公司有很大的帮助；2003年4月加入国泰，一直到现在。

Q：经历中有没有某人对你做投资很有启发？

A：比尔·米勒和安东尼·波顿，前者连续15年战胜大盘指数，但是2008年金融危机时由于买了大量银行股遭遇投资失败，不过之后经过策略调整，又获得了成功。给我的启示是，投资不能按照固有的思维惯性，还是要及时调整，顺势而为和恢复能力很重要。

安东尼·波顿本来很成功，但是快退休了，到香港成立了一个中国基金遭遇惨败。让我明白，人都是有能力圈边界的，要在你的能力圈边界之内办事情，将你所擅长的发挥到极致，而不是随便去尝试你不擅长的领域。

Q：谈投资跟人性、投资与概率、勤奋跟业绩。

A：投资理念和风格的形成主要是由投资者的世界观、价值观、人生观和性格特征所决定的，很多人说投资是反人性的，但不尽然，我觉得顺势的东西也有，但如果遇到了不一样的时候怎么办？这才是考验你的时候，需要有一些方法，能够跳出惯性思维圈。

我们这个行业其实每次都在找一些大概率的事件，并不是说一定会正确，而在于不断提高正确率。

勤奋跟业绩当然有一定的关系，但我觉得勤能补拙这句话，可能更适用于那些科学性更强的一些行业，比如制造业。投资不太一样，他是有点艺术成分在里面，除了平常多看报告、多写东西，思考是最重要的。我觉得多花时间进行脑力劳动，多去思考一些投资方向来纠正错误；另外要合理分配时间，因为时间是最宝贵的。

Q：最喜欢的一本书／一位投资大师／一句投资理念。

A：赫什·舍夫林的《超越恐惧和贪婪》，主要讲行为金融学。

投资大师比较钦佩索罗斯，其反射性理论上升到了哲学层面。

投资理念则推崇：顺势而为，逆向思考。

蒋锦志：
真正的低调是随时可以高调

肖婷 / 文

一向低调的蒋锦志近期受关注度颇高。

旗下景林投资斥资 7000 万入股长安基金，成为吃"公募螃蟹"的第一家私募机构；首只新三板产品一周募集 7.2 亿，问鼎新三板发行规模之最；当然还有公司其他产品一如既往稳定的业绩表现……耀眼的成绩成为其足够高调的资本。

当然，对蒋锦志而言，低调和高调并不是对立的，而是可以选择的。

而外界除了想欣赏这位私募大佬如何以自己独有的方式"驰骋"投资界外，更加好奇的是，他的下一步"选择"又会是什么……

一级市场和二级市场的联动

相比其他私募基金公司，景林资产在业界一直是一个特别的存在，因为它贯穿了 VC（风险投资）、PE（私募股权投资）与二级市场三大领域。

曾经有媒体用"双面剑客"来形容景林，确实很形象，一面是一级市场，一面则是二级市场，而两个市场的投资主体一个是"景林投资"，另一个则是"景林资产"，两者的关系互相独立且平行，两大主体共管着约 250 亿人民币。

从 VC 到 PE 到二级市场，还包括一级半市场的"定向增发"，景林投资和景林资产几乎贯穿了整个产业链。景林的这种一二级市场联动投资，在国内的私募基金中非常少见。

如今，可以观察到的是，蒋锦志出席活动，更习惯用"景林"而非"景林资产"或者"景林投资"来介绍公司，足见其对两个业务部分同等的重视程度。

而事实上，"景林资产"和"景林投资"确实也是同步发展的。

2004 年，蒋锦志以景林资产开始自己的私募投资生涯，同年在海外发行了第一只外币基金——金色中国基金，截至 2013 年 5 月底，其累计净收益率达 925%，年化复利回报每年高达 30%（同期 MSCI 中国指数的收益率不到 12%）；2006 年，景林开始发行人民币基金，第一支阳光私募基金景林稳健自成立以来净值增长率已达到 275.40%。

当然，景林投资的表现也毫不逊色，比如，开头所提到的斥资 7000 万元参股长安信托，成为首家参股公募基金的证券私募机构；比如， 从2005年至今， 景林投资已经投资了近40家公司，主要集中在消费、医疗等领域。在所投的公司中，已有7家公司在国内和美国公开市场上市，车网互联等公司被上市公司并购实现退出。尤其值得一提的是，合伙人们依靠前期的资本积累，景林在做PE投资时，无论是人民币基金还是美元基金，自有资金在每只基金里都占据着两成以上的比例，在国内甚为少见。

价值投资——简约而不简单

尽管景林的业务有着一级市场和二级市场的区分，不过在蒋锦志看来，其中的逻辑显然是一致的——第一，深入分析公司商业模式及在产业链上的竞争优势； 第二，注重公司长期稳定的盈利能力和良好的成长性；第三，密切关注公司管理团队和公司治理结构。

他将其概括为：用PE投资的理念去投资二级市场。

当然， 两级市场的投资架构设计，对景林的团队也提出更高要求，而蒋锦志的解决之道是：将一级市场和二级市场的投研团队做区分。目前二级市场团队人数略多于一级市场，但是两个团队都是在相同的"价值投资"的投资理念指导下投资，实现了信息分享和相互验证的机制，这种制度之下也为景林创造了其他私募基金公司难以具备的独特优势。

比如说，在参与新三板的战略上，由于同时拥有 PE 和二级市场资产，相较于一般机构具有人才、经验、项目等优势， 并且拥有 PE 背景，景林也比其他机构拥有更多的拟挂牌企业资源。

值得一提的是，景林的首只新三板产品期限是 3+1 年，较市面上的其他新三板基金封闭期更长，这恰恰体现了景林的投资风格——价值投资。

蒋锦志正是以其对公司的深入分析和价值投资理念闻名于业界。据说，蒋锦志常常挂在嘴边的一句谚语就是，将军不打兔子。相对短期市场涨涨跌跌，短期投机博弈， 他更在乎的是买的企业好不好，能不能赚到企业长期盈利增长的钱。

而在蒋锦志的价值投资框架中，复利是一个很重要的概念，他曾在某次主题演讲中表示："投资是需要耐心和时间的。如果你想一夜暴富，你就会铤而走险，那么盈利的概率就会大大降低。相反如果能长期坚持，就算年回报率不高， 最后也能取得非常可观的收益。"

景林自 2004 年成立以来所创造的业绩便能说明一切。

2014 年，景林 A 股主动管理型产品平均收益率达到 50% 以上，海外产品更是在全球基本面投资的大型基金（5 亿美元以上）中排名前列，旗下目前客户涵盖主权财富基金、大学基金会、跨国公司、养老金等多个领域。

而在蒋锦志的影响之下， 价值投资已经成为景林人共有的投资特性，比如昔日的明星公募基金经理、华商基金投资总监孙建波在加盟景林后直言自己的风格变化很大；虽然依旧喜欢成长股，但也注重挖掘低估值公司的投资机会。这与他加入了践行价值投资的景林资产显然有着很大的关系。

A 股为较优质的投资品

"低调"貌似已经成为很多私募大佬的统一形容词，蒋锦志亦是如此。如今他很少接受记者采访，而是更加愿意参加一些会议或者分享交流会，同五道口的师弟师妹们分享对价值投资理念的理解，参加企业家论坛同业内人士交流观点等。

而最近的一次，他出现在了由同安投资举办的书友会上，一方面回顾了 2014 年牛市成因，另一方面与大家分享了 2015 年投资观点。

对于 2015 年的投资，蒋锦志认为，中国经济进入新常态，投资也应进入新常态，估值相对便宜、增长相对稳定、派息率相对较高的蓝筹股更具安全性。

"2015 年，目前沪深 300 估值约为 12 倍，如果不计算银行股，则是 17 倍，同期增长近 50%。其中 15% 左右为企业盈利所带来的估值上涨，另外 30% 左右上涨为资金流入带来的估值上涨。从全球来看，除了少数国家，股市基本 P/E 为 10 倍以上，A 股的 12 倍与全球平均 P/E 仍有 30% 的差距，是较为优质的投资品。"

在蒋锦志身上，会让人感受到一种严谨的学者气质，而当他侃侃而谈对投资的看法是时，眉宇间的自信与淡定展露无遗。

而这，或许与他对待学习的态度有很大的关系。在投资界，蒋锦志绝对称得上"学霸"一枚，并且是"超级学霸"。

　　事业上 PE、二级市场、国内市场、国外市场基本全覆盖，并且做得有声有色；闲暇时间最喜欢看书、学习、考察，在景林内部的每次晨会上，都起到学术带头人的作用； 更值得一提的是在不惑之年还报考了 CFA，并且一次性三级全通过，让人不得不对这位永远不停在战斗的私募大佬顶礼膜拜。

　　坚持价值投资需要一定的耐心， 因此蒋锦志会通过学习和佛学或者高尔夫有关的知识来平和自己的心态。

　　在他看来，不管是佛学还是高尔夫球都和投资有着很多关联性， "比如佛教不是让你完全放下，而是让你每天重新审视很多的东西，让你找到思考问题的方式。"

　　当然，当事业达到一定规模时， 很多人都会经历一定的迷茫期，蒋锦志也不例外。他曾经追问过自己，这么一直做下去的动力是什么？他最后内心的回答是， "我自己对财富的消耗是有止境的，但对客户的责任、对社会的责任却是没有止境的。同时爱好与自我价值实现也是非常重要的因素。"

　　看，这就是他做出的选择，答案一目了然。

聂军：
国内对冲基金离成熟市场标准还有差距

罗小丹 / 文

作为最早涉足对冲基金组合基金（Fund of Fund）的华人之一，聂军身上的头衔很多，比如说"海外华人资产管理协会副主席""凯思博资产管理有限公司董事总经理""中国私募投资行业联合会副会长"等等，但大家对其最为熟悉的职位或许是——中国绝对收益投资管理协会理事长。

每当此时，聂军便将自己定位为一位利益中性的"传道士"，并不代表其所属机构的利益。

而他所要传播的便是海外行之有效的绝对收益投资理念、投资逻辑、投资策略、投资运作流程以及行业自律执业操守准则等，促进加强国内外金融投资业者的沟通交流、成果转化及资源共享。

对包括聂军在内的绝对收益投资及对冲基金的"传道士"而言，这个目标正在慢慢实现……

对冲基金追求绝对收益

中国绝对收益投资管理协会酝酿于 2010 年 7 月的"第一届中国对冲基金与量化投资国际高峰论坛"之后，经过半年多的筹备，2011 年初在香港注册成立并于同年宣布正式成立，如今已经走过了近 5 个年头。

聂军介绍，这是一个非营利性机构，其主要目标是在一群对对冲基金充满热情的有识之士的共同努力之下，引导国内投资行业进入健康良性有序的发展轨道，从而提高绝对收益会员业者的行业竞争力，给中国广大投资者带来稳健投资收益。

对冲基金为何会以追求绝对收益为目标？

聂军解释道："有别于只能做多的传统投资，对冲基金具有做多和做空的自由度。在市场向上行时，对冲基金经理可以做多，在市场下行时，对冲基金经理则可以做空获取正收益。这是对基金经理能力的真正考验。所以对冲基金通常追求的是绝对收益。"

在聂军看来，相比传统投资，对冲基金具有一定优势。首先，从长期而言，对冲基金的波动率要比传统投资低很多。他通过一系列数据证明，上证股指的年化波动率为 30% 左右（过去一年的年化波动率为 39%），标普 500 指数的年化波动率为 15% 左右，但对冲基金总体而言，年化波动率仅为 6%~7%。此外，从长期而言，对冲基金的总收益并不比传统投资差。所以在风险调整过的情形下，对冲基金的投资收益更稳健，与传统投资的相关性更低。

而正因为对冲基金的这些特征，使其在西方早已经形成一种新的投资类别而受到广大机构投资者的普遍青睐，这其中包括各种养老基金、大学捐赠基金、主权基金、家族基金、对冲基金组合基金、保险基金及再保险基金、高端富裕人士等。

结合近期"中国养老金可通过对冲基金入市"这一观点，聂军认为中国的养老金应该通过投资对冲基金组合基金（FOHF）来入市，这可以使得其投资的宽度和深度都有保障。

"我并不主张养老金直接入市买个股，2015年夏天中国'国家队'救市失败就是个明证。中国养老金入市的前景是乐观的，但一定要通过正确的方式和渠道入市。否则，如果出现亏损，容易引起普遍社会性的恐慌。"

不过，尽管对冲可以大大减小风险，不论牛市还是熊市，都能获得稳定收益，可是也有"害怕"的行情出现。

"无论做多做空，无论是基本面分析还是技术面分析，对冲基金经理都是依靠自己的一套分析工具和模型来挑选其标的交易物品。这就需要一定的历史数据作为分析基础，其中有许多连续性假设，因此，对冲基金行业最怕出现'断崖式'行情。"此外，"肥尾事件"对于对冲基金整体而言也是很不利的环境。

此外，他认为，由于"对冲"策略中都具有"两条腿"同时"走路"的特性，如果其中"一条腿"被迫取消了，对冲策略将无法实施。

国内市场机制缺陷导致股灾

聂军曾效力于高盛和美林，已经从事十多年的对冲基金组合（FOF）投资，见证了 FOF 从起步向成熟的整个阶段。在海外长期从事对冲基金投资及风险管理的经历，除了让聂军结识了一大批全球的杰出对冲基金经理外，还使他有机会学习了解到全球各种不同市场里的不同投资机会和投资策略，这样促使他不断思考哪些投资策略能应用到中国市场。

目前，聂军担任香港一家著名资产管理公司——凯思博资产管理有限公司董事总经理，从事对冲基金投资。

在他看来，在香港和美国做投资的区别并不大，都有丰富的金融交易物品和具有国际标准的交易机制。"如果非要指出他们的不同之处的话，在很多情况下香港市场的流通性普遍比美国市场差，这也造成了在香港市场融券相对要难和贵。另外，在美国个股期权非常普遍和丰富，但在香港仅 50~60 只股票有交易所上市的个股期权。"

不过，国内市场相比海外市场，在机制上却有很多不同。比如国内股市的 t+1，又比如涨跌停板，再者是缺乏有效的做空机制，更不用说个股期权等。"这使得在国内做对冲基金，尤其是量化对冲基金的成本大大增加而可用的工具却存在短缺。"

聂军认为，现行机制的缺陷在 2015 年的股市狂热拉升和股灾中起到了元凶或推波助澜的功效。

他提出了五点机制改革的建议：第一，取消涨跌停板，用熔断机制来取代，并且主板、中小板、创业板用不同的熔断点；第二，取消t+1；第三，全面放开个股做空机制，但融券规模不超过现货账户的50%；第四，全面放开个股期权；第五，恢复IPO，并允许新股可以做空，但限制新股发行方（IPO公司和主券商）6个月之内不许卖股票。

"如果国内监管机构能以这次股灾为契机推动改革这些机制，这将使中国金融市场更健康发展并真正成为世界金融中心之一。"

他强调，其中有几项听起来似乎是给做空提供更多的途径，但实际上是为整个市场的健康发展提供更多的保障。"比如，如果IPO可以做空并限制新股发行方在6个月之内不许卖股票。那想要发天价P/E的公司尽管发，但对冲基金将可以在上市当天做空该股票而发行方却不能卖出套现。等到6个月后发行方能卖时，股价已经不知道跌到'什么地狱'去了。这种情形下，发行方会面临巨大的损失。"

这种境况之下，发行方的最佳方法就是在一开始就实实在在地按合理价位发行IPO，使广大投资者在参与新股发行时能真正享受到企业的成长红利。

国内对冲基金发展面临诸多挑战

所有人都不能否认的是，国内对冲基金在这五六年来取得了快速发展。

连聂军都如是感叹："2010 年有媒体对我进行访谈时我们还要为对冲基金正名，而现在中国对冲基金已经有了非常惊人的巨大变化，对冲基金已经被政府认可为正常的投资工具和渠道。"

对他而言，这种变化最直接的感受就是在国内进行投资时，投资策略和品种的逐步增加。"目前我们正在探索各种在国内能长期有效的投资策略，包括基本面投资、技术面投资、FOF、MOM（Manager of Managers）等不同的方式。"

他举例说道，当 FOF 投资对冲基金时，需要基金经理根据对市场的跟踪做出展望和判断，分析出新的市场环境会对什么对冲策略比较有利、对哪些策略不利，并在"利好"策略里挑选恰当的对冲基金经理作为布局对象，由此做一个动态的资产配置和调整，以求"顺风而行"。这要求 FOF 基金经理自上而下的精准宏观判断和分析，以及自下而上的对对冲基金经理的投资优 / 劣势的详尽了解，这也是 FOF 稳健回报的基础所在。当然，对于 FOF 而言，投资对冲基金除了需要全面的投资策略尽职调查以外，还需要开展全方位的运营尽职调查和市场风险管理尽职调查。

当然，聂军也指出，国内对冲基金离成熟市场标准还有差距。

"美国的对冲基金行业策略分布比较平衡，而亚洲严重失衡，绝大多数集中于股市多、空头策略，致使获利空间稀释不说，还增加了行业中的系统风险。除了股市多、空头策略外，其他策略的对冲基金在亚洲和中国还有很大的发展空间。"对冲基金策略粗分有十几种，细分则有上千种，在中国市场，CTA（商品交易顾问）、事件驱动（并购套利、特殊情形、受压资产）、全球宏观等策略正迎来大好时机。其他策略如可转债套利、固定收益套利、偏空策略、统计模型套利等则尚需等待时日和市场的进一步丰富方可有较大的发展。

聂军还强调以下几方面仍有巨大的发展空间，主要是包括三个方面：第一，运营，国内同仁应该花工夫学习如何建立健全运营，避免出现"三眼猫"或"三腿猫"等怪物；第二，风险管理，包括中国在内的新兴市场国家面临的最大风险就是政策风险，这很难进行有效管理；第三，同质化问题，而这无疑增大了行业的系统风险。

国内对冲基金发展显然面临诸多挑战，那么如何应对挑战？

聂军给出的答案是：中国对冲基金执业者能够沉淀下来，研发出具有透明性、持续性、延展性的独门投资策略，这同时也是国际投资者看重的三点。长远而言，中国对冲基金如果要走出国门，必须满足这三点，必须把回报的来源分拆出来，这样国际投资者才能放心地投资进来。

万建华：
金融创业家的下一站

莫敏 / 文

又一次在某个会议上看到万建华的身影。一如既往的黑色西服和金边眼镜，配合亲切的笑容，这让他看起来更像是一位儒雅温和的学者。而事实上，用"创业家"这个词汇来形容他或许更加合适。

从央行职员到招商银行副行长，从筹备中国银联到创建通联支付，告别券商十年之后又重新回归，掌舵国泰君安……不难发现，万建华所走的每一步都在不断尝试新鲜的东西，这样的职业转折每次都有些出人意料，却又在情理之中。

"我就是民工，高楼大厦盖起来了、装修好了，我们就换地方了。因为我多数干的是创业的活。"这是万建华对自己的定义，而如今的他正在经历着又一次"创业"——为沉寂已久的证券行业找回那"被耽搁的十年"。

不按常理出牌的"创业家"

1984年的"五道口",发生了一件大事:1981、1982两级学生撰写了《关于金融体制改革总体方案的几点意见》,并在中国金融学会第二次代表会议上当众宣读。这也就是后来人们口中的中国金融改革"蓝皮书",而万建华就是这些学生中的一员。

毕业之后,和大多数五道口毕业的学生相似,他加入了中国人民银行计划资金司,可以想象的是,优秀如万建华,在人民银行也会成就一番事业,正如其师姐、中国人民银行原副行长、著名经济学家吴晓灵所预测的一样:"我一直认为凭借他的理论功底和在中国人民银行计划资金司的工作经验,会成为一名优秀的央行干部。"

不过,万建华并不满足于宏观的货币政策调控操作,相比理论研究,他更加注重实践,澳洲留学归来之后,从人民银行辞职,加入招商银行的决定也预示着万建华职业生涯的后20年正式开启——致力于微观金融的运营。

体制内到体制外的转变,给万建华带来的或许更多的是第一次"创业"的兴奋。而这种兴奋,让他在金融的实践中不断展现出不为不知的一面——对于新事物的敏感和实践中的执行力。

比如,招行的"弯道超车"就取势于创新。在招行任职时,万建华组建了一个课程小组,在国内商业银行中率先提出银行的发展战略。1995年,招行提出"科技兴行",推出集成个人存款资产于一体的"一卡通"业务,率先打响国内个人金融业务营销战。1998年,招行推出网上银行产品"一网通"。作为常务副行长,万建华亲历并推动了招行依托电子化、网络化的业务创新，这为马蔚华时代招行"最佳零售银行"地位的确立，奠定了基石。

同时，万建华一手策动了招行网点的全国性扩张。当时，招行的实力远不及中信、光大、广发等同行，但万建华不认同招行永远只能是"区域性银行"。当他把招行分行开到北京的时候，不少同行非常诧异："怎么区域性银行跑到北京来了？"他开玩笑答道："到了北京还是什么区域性银行？这里是'中国区'，就是全国性银行。"

不过，万建华内心藏着一份不安定因素，而就是这份不安定激励着他一次又一次在创业路上不断开拓。比如，放弃招行的事业接受银联的邀请。

据悉，当时银联给他开的工资才2000多元一个月，与招商银行的收入完全无法相比，万建华却没有在意。他只提出两点要求——银联要公司化运营，把总部设在上海。银联在2001年年中开始筹建，到2002年3月就挂牌成立，实现了100多个城市内银行卡的跨行通用。随后创建银联卡品牌、实现银联卡国际化，只用了6年时间。连万建华自己都感叹："方向准、时机好，银联做得太顺利了，不知道会不会把他以后的好运气都用完了。"

而之后离开银联担任上海国际集团董事长兼总经理，并又一次选择创办通联支付，似乎更像是万建华银联事业的延续，他一直关注和看好以支付宝为代表的第三方支付公司的发展，2010年8月起掌舵老牌券商国泰君安之后，"得账户者得天下"，随即也成为万建华改造券商的起点。

万式手术：向投资银行改革

担任国泰君安董事长一职，一度被外界认为是万建华各种"抬头"中"最具内容"的。如今看来，这位金融圈的"老人"重返证券业的野心确实不小。

据有关人士透露，在上任之初，万建华就在与上海市金融工委签订的三年责任书中提到了将把加深国泰君安市场化经营当作重点工作之一。除此以外，万建华还有些更高调的"军令状"，这其中可能包含了完成IPO、金控集团及某些规模或营收的指标。

实际上，万建华上任伊始首先把市场化经营作为重点目标，他特意撰文呼吁"券商要回归金融本源，开启通往投资银行的转型之路"。国泰君安再造证券公司作为投资银行的基础功能，第一步就是由资本经营转向适度杠杆经营。

在万建华的构想中，中国券商转型的出路是成为真正意义上的"投资银行"，实现综合化、全能型经营。

甫一上任，一场重大革命便在国泰君安展开，当然，这次革命以"流血手术"为必然形式和代价。自2010年9月以来，万建华的手术刀，挑开了这家老迈金融企业的管理中枢、组织架构及企业运营导向。"万式手术"第一步，密集而大面积的人事调整，"万式手术"第二步，内部组织结构的市场化重组，"万式手术"第三步，组织架构改革。

调整之后，国泰君安一级部门拆分增加了1/3，其中，投资银行总部一拆为三：

投资银行部、中小企业融资部、资本市场部;自营部门一拆为二:权益投资部和另一个以对冲交易为核心的交易部门;其他如销售交易总部、零售客户总部等各有拆分。

在外界看来,这一架构和银行的个人金融部已经很是相像。

"券商的创新转型,其实首要问题就是组织和管理创新。"万建华认为,原本券商公司相互割裂的业务模式,已经无法适应金融服务综合化的大趋势,因此,当前最重要的就是体制机制更进一步市场化。

2012年5月,证券业创新大会将"放松管制、鼓励创新"作为制度改革的主旋律,发布了"推进证券公司改革开放、创新发展的11条思路与措施"。7月底,中信证券、国泰君安等六家综合性大型券商联名发表《再造我国证券公司作为投资银行的三大基础功能》的文章,提出重构证券公司的托管功能、交易功能和支付功能,以促进金融产品的交易,满足客户多种交易方式、交易品种和提高理财效率的需求。9月,中国证券业协会将证券公司的"投资功能"和"融资功能"作为证券行业服务实体经济的重要手段。证券公司的基础功能从交易、托管结算、支付,进一步演绎成包括投资、融资在内的五大功能。

"五大功能真的实现就厉害了,应该说,给个五年、八年、十年,绝对会有一批券商脱颖而出。"万建华认为,未来券商的规模会很大,并且具备全能经营的条件。

第一步,回归金融本源,券商通过改革创新恢复投行的基本功能;第二步,转型投行,券商充分发挥自身投资中介和融资中介潜能,在投融资领域里崛起;再往后发展就是综合化、全能化经营。

"综合化、全能化经营，实际上基于两个东西：一个是制度安排，怎么完善监管体系，抑制住系统风险，其政策就可以更开放一些；同时，在信息技术时代，技术的发展客观上推进了金融机构全能化的发展。"万建华说。

在这样的改革思路之下，成果已见成效。最新资料显示，2013年国泰君安营业收入72.5亿元，加上上海证券10.5亿元营业收入，共计达到了83亿元，这样就超过中信证券和海通证券，跃居第一。

如今，推动公司的上市也变成为了万建华的首要目标。2014年3月，国泰君安拟耗资60亿元收购上海证券51%股权，而且是通过上海市政府、上海国资委等自上而下的行政力量主导，以彻底解决其控股股东遗留的"一参一控"的硬伤，扫除上市的最后一个障碍。

多家机构的投资总监表示，国泰君安IPO将使得券商股成为未来市场的一个重要主题投资，投资者可密切留意。

拥抱互联网的坚定拥护者

如今的万建华似乎更愿意在公共场合表达自己的观点，比如频繁参加重要的学术会议和论坛，比如发表金融类论文以及出版《现代公司理财》《商业银行战略管理》等著作，2013年在互联网金融大热的背景下出版的《金融e时代》一书，更是让他被誉为"金融 e 时代"的掌门人。

在《金融 e 时代》书中，万建华有两个重要观点：一是主动拥抱技术进步，贴近互联网和移动互联网浪潮；二是抓好账户建设，将零售账户打造为承载所有金融业务的平台。

在他看来，无论是商业银行、支付服务商，还是互联网科技公司，打造"账户"已经成为下一轮商战中的制胜法宝。在金融领域，想得天下者，先要得账户。客户的账户有双重作用：商家根据客户账户的"信息价值"准确掌握营销广告的投递对象和投递内容，同时通过账户的形式把客户的"货币价值"纳入自身的体系，并为商家所利用。面对互联网金融浪潮下证券行业的转型发展，充足的资本金是必要砝码。

作为理论实践派以及拥抱互联网的坚定拥护者，万建华针对国泰君安证券的互联网金融路线图已经设计完成，而实践则在有条不紊地开展中。

他将国泰君安"零售业务部"改名为"互联网金融部"。此前，国泰君安的零售业务部为针对个人客户服务的部门，而销售交易业务部为针对机构等高端客户的服务部门。

万建华认为，如果将客户分类，那么八成为个人客户，而两成为高端（包括机构）客户。未来在 IT 金融时代的两条道路，就是标准化、大众化，以及金融的专业化、个性化、定制化的管家式服务。

"在 80% 的程度上，金融和 IT 已合二为一了。"万建华说，金融产品的标准化，通过互联网、移动金融等电子终端，一般事件、可以标准化事件、规模化事件确实已经可以形成大数化、标准化、规模化，甚至互联网企业可以做得比商业银行、金融机构还好，因为它具有成本优势，"传统金融业中，那么多的房子、人员，需要投入大量的成本，但互联网企业可以用极低成本完成。"

而剩下的那个"20%"则是券商的优势所在，"毕竟金融还是金融，尤其是在经济发展、财富增长的情况下，20%部分的个性化、定制化，是券商今后要重点发展的。"

而经历近一年与央行的反复沟通，国泰君安解决了大额支付入场后，火速推出超级账户——"君弘一户通"综合理财平台。

该平台打通了证券市场的各类账户，覆盖证券、资管、期货、信用、场外等实体账户。只要开通该账户，投资者交易下单时不再需要在证券、期货等账户反复进行系统登录切换。未来，国泰君安还计划将范围拓宽至港股簿记账户，以及非金融领域，如电邮、航空会员。

更为重要的是，国泰君安欲借此机会摆脱单一的通道业务，转型为综合服务的券商。

据悉，国泰君安已开发出市场产品中心、君弘百事通平台推送等两个服务。前者是一个涵盖银行理财、公募、阳光私募、信托、保险等大数据的信息中心，投顾在此基础上能针对客户给予资产配置建议，该工作由君弘百事通平台推送给客户。这两项功能，将内嵌超级账户。

"我做个预测吧，在未来的8到10年后，银行还是叫银行，券商还是叫券商，但做的业务是一模一样的。"万建华说。

显然，他还在等待创造下一个漂亮的成绩……

赵令欢：
在梦想清单中不断创造价值
刘华天 / 采访整理

"海归派""空降兵""最年轻少帅""KING MAKER"……赵令欢身上，被人贴上了无数标签，而他自己更愿意用柳传志的一句话来评价自己："柳总有个很有意思的说法，人大体上分为两种，一种的过日子的，一种是奔日子的，我想我大概属于后者。"

何谓"奔日子"？身处这么一个国家和民族充满历史机遇的时代，总应该努力去做点事情，多承担点责任。这是赵令欢所作出的解释。而这也恰恰让人想起"弘毅"二字最初的由来。

"士不可以不弘毅，任重而道远。""弘者，立意高远，非弘不能胜重；毅者，脚踏实地，非毅无以致远。"如果说最初赵令欢选中"弘毅"两字作为公司名字带着点机缘巧合，那么十年多的投资岁月里，"士"的气质早已流淌到赵令欢的血液中，生生不息。

"千里马"和"伯乐"的"百年之约"

如果没有遇到柳传志和联想，赵令欢如今身在何方？

美国硅谷某家创投公司的老总？一名物理学家或者经济学家？或者仍旧还是中国PE界的一员大将？……凭借赵令欢自身的能力，以另一种方式获得成功不是没有可能，不过，因为联想，因为柳传志，成就了今天这样一位赵令欢。

可以说，在一定程度上，是联想给了赵令欢投资及管理才能发挥的最合适的舞台。

而赵令欢也始终都在强调联想控股及柳传志对弘毅投资以及其自身的支持："为什么世界上最好的投资人都把钱投给弘毅？这很大程度上是联想以及柳总的影响力，特别是在公司成立之初，投资人因为相信柳总，相信联想的品牌保障，所以愿意给我们机会。"

一位是中国内地改革开放后的第一位实业家，在当时有着将企业从实业向资本领域转型的迫切需求，一位是在美国有着多年从业经历、深谙国际资本的行家，心怀投身国内资本市场的热切愿望，"伯乐"和"千里马"在2002年的相遇注定创造不平凡。

70多笔成功投资，其中32个国企改制项目，管理五期美元PE基金和两期人民币PE基金，一支人民币夹层基金，投资资金总规模超过460亿元人民币……十年时间，赵令欢带领团队在PE界创造一系列令人惊叹的数据，而这也是赵令欢在践行与柳传志最初的约定：打造一个百年老店。

"为什么要做弘毅这个公司，我和柳总是有共鸣的，为国家和民族做点事，为世界贡献一个来自于中国的成功经验和模式，从第一天起，柳总和我就下定决心，要把弘毅做成投资领域的百年老店。"

也正是因为一开始就较高的追求目标，在弘毅投资切入点的选择上，也是异常慎重。而选择当时在业内被公认的"最难啃的一块骨头"似乎在情理之中又在意料之外。

由于"背靠"以"管理创造价值"著称的联想，虽然是金融，但可以把很多管理技能用到金融领域，弘毅比其他公司拥有更加丰富帮助企业解决问题的经验，所以说在情理之中；不过作为"海归派"的赵令欢，初入投资领域就要领导团队进行比较有"中国特色"国企改制，这让人对弘毅能不能做成这件事充满怀疑。

但对于出身国企的赵令欢而言，他其实比谁都笃定，深知这其中蕴藏着多大的机会，"大家都说国企管理落后，落后恰恰是可能的投资机会。都觉得国企麻烦，我没有这种畏惧，我国企出身，曾在江苏无线电厂做车间主任，了解国企的运作。在改革开放 20 多年后，经过好几轮洗礼，仍然能够存活的国企肯定有特殊原因，要么是政府特别支持，提供特殊资源，要么是企业家特别能干，凭借觉悟或者灰色、灵活的手段生存。这些靠资源和本事存活下来的国企，体制机制恰恰是制约其发展的最大因素。"

专业，所以自信；规范，因此踏实。有这个本事找到管理洼地释放竞争活力，也有这个资源可以将价值做到最大。赵令欢的很大底气仍然来自于联想。

"弘毅的长处是背靠联想，柳传志是做管理出身，所以弘毅的基因里很重要的一点是通过管理创造价值，弘毅一开始就想做一个彻头彻尾的价值创造者。坚持价值投资者理念，各种金融工具，或者资本运作，是必要的技能技巧，但不是一个投资公司的立身之本和谋财之道。一项投资策略是通过眼光好，知道大势，在预测的基础上投资挣钱，还是靠手段高明，胆子大，通过做内幕交易去挣钱？弘毅选择前者。"

深耕中国的"一亩三分地"

"投资就是投人，如果人不行，这样的企业我们坚决不投"，在多年实践之后，在国企改制的投资道路上，赵令欢显然已经形成了一套行之有效的商业模式。

他将其概括为六个字——事为先，人为重。"把行业和企业看好了之后，关键是看领导人有没有把企业和企业的发展当成自己的事，有没有能力把企业带大。当发现有这么一个领导人，体制制约着他能力的发挥，我们就投了，这里有一个很形象的说法就是'放虎归山'。"在赵令欢眼中，国有企业的体制就像一个笼子，而弘毅投资所能做的就是通过市场的力量和政策给予企业领导人一定支持，把这个被束缚的"老虎"放到荒郊野外，助其驰骋。

2003年至2007年，弘毅创造了如中联重科、中国玻璃、巨石集团等一系列为业界称赞的经典案例，奠定了其在PE界的稳固地位。自2007年下半年开始，弘毅投资再添一翼——跨境投资，并且一路高歌猛进。

2008 年，弘毅联合所投资企业中联重科收购了意大利公司 CIFA，帮助中联重科拓宽了国际市场，更获得核心技术；2010 年，弘毅帮助控股的新加坡上市公司柏盛国际扩展中国市场；2014 年初，弘毅投资更成为第一个进军好莱坞的中国公司，通过上海自贸区人民币出境收购 STX，创造本土 PE 机构跨境投资并购的一个又一个典型案例。

"大的跨境并购好时机真的到来了。"赵令欢对跨境并购显然充满信心，而伴随着弘毅在去年 9 月进驻上海自贸区，其跨境并购的舞台更加广阔。行业内人士认为，弘毅或许在下一盘大棋——得益于自贸区跨境投资备案换汇制度，弘毅投资可以进一步完善其跨境投资基金管理总部职能，实现境内外资金双向跨境流通投资。

这让人不由心生疑惑：赵令欢 PE 的战略版图是否已经转向国外？

在这一问题上，赵令欢将其一直归结于企业内生的需求。"为什么要跨境？因为弘毅在中国投资的企业里面为了做大做强，要开始跨境，而我们和他们是结伴同行的，虽然专注于中国，但弘毅国外的营养吸收不少，我们管理的资金来源于全世界每一个经济体中最重要的投资者，而我们的企业需要跨境走向投资者的经济体时，显然可以依靠这一优势帮他们这个忙，而这是以中国为中心来开展的。"

"中国仍旧会是弘毅投资未来的主要战场。"赵令欢进一步解释，"目前做管理的资金越来越多，为了对投资者负责、对企业负责，我们需要做很多准备工作，就是集中于中国市场，把这里的'一亩三分地'耕好，只要中国经济还是按照这个速率成长十年，那到时我们的国际地位和影响力也能进入全球一流。"

"但是，我们要看到，中国这些年的高速成长，离不开一个大背景，那就是经济全球化，所以弘毅毫无疑问要继续做中国专家，要在中国做得更好更强，自然就要更加善于利用全球资源，同时加强支持中国资源的全球配置。"

而在中国，国企改制仍旧会是弘毅工作的重中之重，特别是在新一轮国企混合所有制改制浪潮之下，积累多年国企改制经验，弘毅自然能将很多宝贵经验运用其中。

PE 发展的梦想清单

从 2003 年创立弘毅投资至今，赵令欢同弘毅投资一起，见证着中国私募股权行业的成长。而这十年，赵令欢一直在追求做自己有信心并且有能力做的事。

"信仰、信心、信任、信誉"，这是在赵令欢办公室内放置的一幅书法作品，同时也是其投资的一个重要准则，"做投资首先要有信仰，比如我们做国企改制，虽然很难，但是这是一个长期的需求，不是所有人都能做，我们尝试做，就是一种信仰，然后又把这件事做好的信心，取得投资人的信任，成功帮助企业改革，才能在业界树立信誉。"赵令欢如是解释。

"随着私募股权投资基金行业的发展壮大，政府重视的提高，这一行业未来的发展空间更加广阔。"赵令欢说，"三中全会已经将金融创新支持实体经济发展、建立多层次资本市场作为重要的新发展方向提出来，而从基金法（修订稿）到证监会出台的新国九条，都明确了私募股权投资基金在多层次资本市场中的身份和地位。"

而作为一家专注于中国本土 PE 市场，对中国国情有着深刻了解，但又极其追求最为规范有几分"洋味"的 PE 机构的领导人，赵令欢更希望中国能够打造适合自己的 PE 组合及模式，而并不是一味地依靠"舶来"。

对此，他提出了 PE 发展的几条梦想清单：

"私募股权主要以非上市公司的投资为主，它有这么几个特性。首先我们是一个主动的投资人，从发现、发掘、到发展都积极参与到企业的发展过程中，私募股权基金是带着资源的资本。"赵令欢表示，一个小公司在创投阶段有很好的技术和很大的热情，有经验的创投可以帮他们长大。

另外，从国企改制方面，赵令欢列举了中联重科改制发展的例子，认为："我们这些带着资本和经验的创投，可以让国有的一般企业变成有国际影响力的大型企业。带着资源的资本是多层次资本市场的重要组成部分。"

基金业协会发布的《中国资产管理行业税收研究报告》显示，目前国内私募股权投资基金规模约为 5300 亿元，阳光私募规模约为 2300 亿元。而从行业的粗略估计，赵令欢认为："整个私募股权大范围来说应该是 1 万多亿元人民币的规模，每年融资额投资量都在 1000~2000 亿元人民币之间，而且快速在增长。"

无论是 5000 亿元还是 1 万亿元的规模，都表明了从 20 世纪 90 年代初在国内萌芽的私募股权投资，在过去20年经历了快速的发展壮大，也衍生出一些亟待解决的问题。

"作为价值链里的第一个环节，我们的LP（有限合伙）实际上也还没有得到成熟的发展。机构投资者比如社保和人寿都刚加入不久，很多个人也在学习。"赵令欢表示，从合伙人到退出机制，都面临新的局面。过去退出很多依赖二级市场，而最近由于二级市场的低迷和IPO关闸，衍生了很多创新的退出方法，监管层也是从不知到知的过程。

回顾目前创投的地位，虽然在最近20年体量得到很大的发展，但经济体量占比还是很小。为此，赵令欢列出4大梦想清单，希望创投能在未来发展壮大。

第一，明确确立各种基金的税收打通政策。基金是一个组合，应该让中国组成的基金能和世界组成的基金在同一个起跑线。过去我们自由发展，所以我们愿意去有税收优惠的地方，这个是我们这个行业赖以生存的条件，希望从立法税收的角度能在全中国给予发展空间。

第二，希望把股权投资开封，让国际资本更顺畅流入中国的实体经济，也让中国资本更轻松流入世界实体经济。最近前海和自贸区的尝试让我们看到了希望。创投支持好企业，好企业一定是国际性的企业。

第三，热切盼望我们的上市体制能容许创新的企业，特别是对今后创新的企业。一些移动互联网企业虽然没有今天的利润也可以上今天的股市上市，让市场鉴别是不是要去投资。

第四，对私募股权投资，希望能拓宽投资种类，逐渐从各种股权向各种债权推广，从而给直接资本进入企业更大的发展。

"不管新技术企业的发展，比如腾讯、百度等，还是规模民企的腾飞，或者后来并购发生之后的很多国企改制，这些企业都由于我们私募股权行业的发展得以发展。"赵令欢认为，也因为如此，政府对私募股权投资领域越发重视，而支撑该领域发展的最重要因素是国策。

2014 年，国务院印发《国务院关于进一步促进资本市场健康发展的若干意见》，（"新国九条"）进一步提出"鼓励和引导创业投资基金支持中小微企业，促进战略性新兴产业发展"。业内认为该文件肯定了 PE 在服务实体经济中发挥的作用，并对 PE 的未来发展指明了方向。这也意味着高层将发展私募股权基金提升到了国家发展战略的高度，对未来的行业发展空间形成了有力支撑，弘毅和整个 PE 行业的天地，也变得越来越广阔。

肖风：
资管大佬舞动移动互联

黄梅 / 文

　　今回头看来，脸上习惯带着微笑的肖风，在自己职业生涯的每一个转折，似乎都多少暗藏着点叛逆和特立独行，这与微笑中透出的亲善淳厚有一些反差。

　　就像三年前他以我国基金业"创业元老"的身份离开博时，出人意料地加盟了万向——后者源起于农机修配厂，至今主业仍是汽车零部件产业；

　　又比如三年后，当业界为"互联网金融"还是"金融互联网"的概念争论不休时，他站出来，淡定地向众人展示了一个基于"移动互联时代"的资产管理平台……

肖氏舞步：逆流转型

　　在惯常的语境下，与"叛逆"如影随形的是任性和冲动。而肖风的叛逆，更多表现为对时代大潮的逆流而上。

2011 年 7 月，五十岁的肖风以"履行早已计划好的职业生涯规划"为由，从博时基金总经理的岗位上卸任。

随后揭开的谜底显示，肖风没有回归仕途、没有创办或加入私募基金，甚至也没有选择其他国有金融机构，而是加盟了万向集团，并在很短时间内晋升为万向控股副董事长，统管旗下金融大板块。

这颇令业界意外。按当时的风潮，出走公募基金行业的人士多数会选择私募作为下一站的新起点。典型的案例前有吕俊、江晖等明星基金经理，后有莫泰山、成保良等公募基金高管。

事实上，这"不走寻常路"的习惯贯穿着肖风的整个职业生涯。若将改革开放以来的发展比喻为一支舞曲，那么几乎可以说肖风用这支舞曲上踩出了一套肖氏风格的舞步，火舞至今。

20 世纪 80 年代末 90 年代初，不满 30 岁的肖风担任深圳康佳电子集团股份有限公司董秘兼股证委员会主任。这是我国改革开放后诞生的第一家中外合资电子企业，当时气势如虹，正筹谋上市。彼时，我国家电行业仍处于如日中天的辉煌阶段，但家电行业的价格战已拉开序幕，并愈演愈烈。

1992 年，邓小平南行，发表了著名的"南方谈话"，创业成为那个时代的鲜明烙印，"捧铁饭碗、进国企"等正统思想被大批体制内人士摒弃。据人社部的统计，当年辞职下海者超过 12 万人，不辞职而投身商海的——如停薪留职、兼职等，则超过 1000 万人。

在"下海"的体制人中,大家耳熟能详的代表人物包括陈东升、史玉柱、田源、毛振华、郭凡生、冯仑、潘石屹、易小迪,更早行动的还有王石、柳传志等。他们看到了商机,懂得将体制内的资源转化为财富。

此时,刚过而立之年的肖风却逆流而上,从企业跳到了体制内。他先在中国人民银行深圳特区分行证券管理处待了一年多,随后到深圳市证券管理办公室一待就是五年。后者正是深圳证监局的前身。这段经历为肖风后来开荒、深耕我国基金行业奠定了坚实的基础。

1998 年,国务院批转证监会《证券监管机构体制改革方案》,同年底《证券法》审议获通过,初步形成证券监管体制。这一年,身为深圳证券管理办公室副主任的肖风,却转头跳出体制,以我国新基金业首批拓荒者的姿态,成为博时基金的掌门人。

在肖风创建、管理博时基金的 13 年间,博时基金管理的资产从 1998 年的一只基金、约 20 亿元规模,发展到 2011 年的 27 只基金产品、超千亿规模,行业排名保持前列,峰值时甚至曾站在了行业排名的首位,资产规模过两千亿。

从企业人到体制人到资管人再到企业人,表面上看肖风似乎回归了原点,但实际上在 1989 年到 2011 年的 22 年中,他踩着改革开放的节拍,将自己的职业生涯跳成一曲彰显个性的"圆舞曲"。

新平台：正在发生的未来

"未来早已到来，只是还未普及。"

在新作《投资革命》的后记中，肖风用美国科幻小说作家威廉·吉布森的名言为该书画上句号，同时，也给其转型后的新事业加注了一个足够直白的注脚。

2014年7月19日，肖风带着通联数据的新产品和新书《投资革命》，站在了资产管理机构的面前，以此呼应了三年前离开公募基金行业时的诺言——"要做不一样的事情"。

在邀约肖风接受访谈时，他低调地表示，《投资革命》这本书概括了他与团队在过去三年内所做的事情，"就不用谈了吧"。

在2011年从博时卸任后，肖风一度消逝在公众视线中。直到2013年底，大佬突然重现江湖，紧接着就是一场接一场的公开演讲。据不完全统计，在过去9个月里，肖风频繁地做了约10场主题演讲，主题均围绕移动互联网与资产管理。

这些演讲很大程度上与一家新成立的公司有关，即2013年12月18日在上海注册成立的通联数据股份公司。资料显示，通联数据主营业务为金融资讯和投资管理服务，致力于以移动互联网、云计算、大数据、社交网络和人工智能来创新资产管理模式。

这家年轻的公司注册资金为3亿元，由万向控股和万向信托分别出资2.25亿元和7500万元，肖风担任董事长。

这是肖风在万向旗下的金融板块中获得的第六个董事长级别的职务。此前,肖风已经陆续被任命为万向控股副董事长、民生人寿副董事长、万向信托董事长、通联支付董事长、民生通惠董事长。

尽管通联数据成立于2013年年底——在这个时间点上,"互联网金融"的概念在各种"宝"的推波助澜下已甚嚣尘上,但这家公司并非是个拍脑袋、跟风潮流的产物——那也太不贴合肖风的作风了。

事实上,肖风很早就已经开始关注移动互联网对资产管理行业的影响,甚至在他还担任博时总经理时,就认识到信息技术和IT系统在基金公司管理中的重要性。在执掌博时的13年中,肖风一直力推IT与资管业务相融合,由此整合与优化公司的业务流程。

2000年,年轻的博时成为业界最早独立建立信息科技部(当时叫电脑部)的基金公司;次年,博时果断收购了一家软件技术公司,加强数量化投资管理模型和组合管理、风控、绩效评估系统平台的建设;2004年,博时又率先应用CRM系统;2007年,博时与IBM签下五年的战略规划书,对前者的IT系统应用架构、服务架构、数据架构做了全面的发展规划……

可以说,博时的信息科技部一度是我国基金行业研发实力最强的团队之一。据悉,在博时,除了运用赢时胜、恒生系统外,其余包括公司内部办公系统在内的IT系统多为自主开发。

去职博时后,肖风的案头最多见的是系列关于云计算、大数据、社交网络等方面的书籍，方便随时取阅。同时，他有时也与杨锐、王政等老部下一起探讨在移动互联时代，投资管理乃至资产管理行业将受到的冲击。目前，王政担任通联数据的董事兼总经理。

因此，在2012年，当互联网金融的发展契机扑面而来时，上述积淀帮助肖风迅速抓住了机会。

有意思的是，在两年内，肖风、范勇宏两位创始人级别的资深基金大佬前后脚离开基金行业，而且这两位经济学博士不约而同选择以出书的方式告别那段激情燃烧的岁月。

区别在于，肖风《投资革命》的主题着眼于资管业"正在发生的未来"，范勇宏《基金长青》的主题则侧重于回顾和总结。两位大佬的个性和风格跃然纸上。

通联数据的使命

在肖风看来，互联网及互联网的云计算、大数据、数字化、社群化、人工智能等，一定会慢慢改变资管行业的生态。"我们坚信这点，不然不会投资成立通联数据。"

肖风将通联数据定位为一家"侧重互联网与资产管理方向的互联网金融研究与实验机构"。

肖风在新作中清晰地表达了三个观点：其一，移动互联网、云计算、大数据将颠覆资管行业；其二，在知识经济时代，基金经理们的投资方法必须与时俱进，比特经济和原子经济的估值方法必然不同，社交网络与大数据将成为观察市场的新利器；其三，互联网乃至物联网使客观世界与主观世界融通、现实世界与虚拟世界融合、线上世界与线下世界融汇，原子世界与比特世界溶解。

他表示："基于云计算、大数据、移动通讯和社交网络的新型服务模式正在取代传统的信息技术服务平台、这个开放平台一方面提供共享的硬件、软件、数据、网络等公共资源。另一方面也给予每个独立机构或个人私密空间，确保投资策略和信息的专利保护。"

王政在接受笔者采访时进一步解释道："该平台的核心有三个部分：第一，提供一个完整的基金管理的一站式服务，到这里可以获得数据、研究、组合管理、交易等的一条龙配置服务，为基金公司提供快速开展业务的解决方案；第二，希望通过平台建立一个真正的金融智能投资分析的平台，把市场上的信息集合起来，通过专业的技术提取出对投资有价值的信息，这更多的是对数据进行智能分析和学习，总结出新的、延伸性的信息，来帮助研究人员和投资经理做投资决策，是一个长期的智能分析，真正做到人机对话的层次；第三，目前是建设底层的 IT 管理平台，在此之上，吸引更多基金公司、对冲基金参与，建立一个互联网的生态系统，并通过社交网络把相关的群体整合起来。"

"所以我们通联数据的平台是开放的平台，每个用户都可以在云端发布应用、数据。"王政认为，移动互联网和广义互联网正在改变很多事情，我们希望这个平台能够解决至少一个基础研究员所做的工作，即它应该可以收集相关信息，并规整成一个可以做投资决策的报告。他笑称，"未来基础研究员就该下岗了。"

这也是万向设立通联数据，并在此基础上推动各个业务板块触网的主要理论基础。

具体而言，在万向集团的架构内，未来将由通联数据承担其中的基础数据平台，同时由以保险公司为主的板块承担资本输出平台，两大业务板块将深度融合，全面触网。目前，万向旗下金融资产已拓展至银行、保险、基金、信托、期货、租赁等业务领域。

在移动互联的新技术背景下，肖风亦庄亦谐地提出了"二十个资产管理的新预言"，向巴菲特致敬。预言会不会变成现实，也许验证答案的日期并不是太远。

诚如肖风在书中所说，致敬，往往意味着一个时代的结束，未来属于新技术革命催生的投资浪潮。

肖风关于资产管理的 20 大新预言

1. 从产业上看，"舍"无移动互联的产业，"得"以 TMT（未来互联网科技、媒体、通信）为代表的新产业。

2. 从政府投入上看，战、安、抚、娱是未来投资的重中之重。

3. 从消费者角度看，选择线上、线下一体化消费。

4. 从组织结构看，选择垄断信息的中心企业。

5. 从投资领域看，投资美国，远离新兴市场。

6. 从投资标的看，只要美元，不选其他。

7. 政府不再铸币，拥有比特币的公司很有前途。

8. 谁突破了时间的制约，谁就是最佳的投资标的。

9. 没有解决道德约束的公司，不值得投资。

10. 老板不把自己当老板的公司才是好公司。

11. 满足男人消费需求，才能创造一片新的蓝海。

12. 中国足球是被严重低估的产业。

13. 通胀不再存在，资产定价理论需要重写。

14. 大数据让库存理论消失。

15. 消费的迂回性增强，消费理论更加丰富。

16. 投资郭德纲是明智的选择。

17. 国有银行不值得投资不是估值不够高，而是因为它们没有拥有移动互联思
维的企业家。

18. 政府信息安全非常重要。

19. 3D 打印会很快应用于消费中。

20. 云中的生活是彩电业的未来模式。

投资笔记

INVESTMENT ESSAY

利有攸往　利涉大川

周向勇 / 文

　　2016 年伊始，上证指数和创业板指一周分别下跌 10% 和 17%，其中 1 月 4 日和 7 日均触发熔断机制而提前休市，迫使酝酿多时的熔断机制实行 4 天即告别舞台。其实不单 A 股，全球市场均遭遇至少 20 年来的最差开局、普遍暴跌，油价大跌创 12 年新低，大宗商品普遍回落，只有黄金逆势上涨。对于广大投资者来说，虽然面对着每一年都是最困难的中国经济，但 2016 年的市场开局或许才真的带来了切肤之痛。A 股下跌的主要原因还是受人民币贬值预期的影响，熔断机制一定程度上放大了恐慌情绪，而伴随美元开启加息周期，全球投资者对中国经济增长放缓和人民币贬值也感到惊慌，开年一周全球股市蒸发 2.3 万亿美元。已经消失了一段时间的全球映射理论再次粉墨登场，似乎金融危机的幽灵又悄然逼近。

波谲云诡之下，唯有探本溯源，把握投资背后的核心驱动因素，才能把握2016年资产配置的大格局。2016年是十三五规划开局之年，中国经济正在逐步告别高速增长的时代，结构失衡的旧经济模式也正在退出舞台，但新的增长模式还未建立。中国一方面要承受经济周期下行的波动，另一方面又要尽快完成新的发展模式转型。在此背景下，政府坚持不用强刺激来扩大内需，施行积极的财政政策和稳健的货币政策，打出深化改革组合拳，从供给侧下功夫，准备接受经济短痛而确保长期受益。综合看来，虽然中国增长进入6时代，但依然是球增长最快的经济体之一，一旦改革见效、效能提升，即使度过转型阵痛仍需较长时间，但看到拐点和曙光应为时不远。

至于人民币汇率，从根本上看，汇率是由国家实力、全要素生产率决定的，人民币汇率顺应的市场力量是与实体经济相关的外汇供给和需求，而不是以顺周期和加杠杆行为为主要特征的投机势力。中国央行一直强调的是保持人民币汇率在合理均衡水平上的基本稳定。在美国有句名言是不要与美联储作对，那么，在坐拥全球最多外汇储备的中国央行的努力下，我们相信随着人民币今年10月正式加入IMF特别提款权，汇率将会给投资者以稳定预期。

在此背景下，波动仍将是2016年中国资本市场的主旋律。虽然2015年国内市场一波三折大起大落，但放眼全球，也没有表现特别出色的投资品种。

2016年波动仍将延续，但只要中国不出现大的区域性风险和系统性风险，这一点其实毋庸置疑，那么我们相信，波动将孕育新的投资机会。但投资者必须进一步增强风险意识和风险识别能力，追求相对温和的合理回报率，同时拓宽视野，以灵活的策略进行全球市场配置，才能更好地实现投资目标。A股市场将重归基本面研究，投资者需进行扎实的策略和行业研究，才能筛选出切合中国经济转型的受益标的，对低估值的公司要考察成长空间，对真成长的公司要审视估值因子。

2016年A股市场仍将体现出结构性行情，但与以往不同，可能每一个行业都会出现结构性分化，新兴产业中真正能够占领市场、建立核心竞争优势的公司当然会更受青睐，但传统产业中克服阵痛、通过改革或转型成功提升绩效焕发新春的公司也将创造价值。投资者的理念应该是预判产业变迁逻辑，聚焦产业升级而不是市场博弈，自上而下把握产业的发展趋势和方向，从中挖掘高速增长的企业，分享企业盈利增长带来的回报。

此外，有条件的投资者可考虑扩大投资视野，把握全球资产配置中新的格局和新的机会。除了A股之外，要增加配置稳健回报资产、补充配置海外资产，股权市场、债券市场、商品市场、外汇市场均需保持关注，用多资产配置的策略熨平经济周期，获取稳健回报。但不同领域的资产类别对投资能力提出更高的要求，投资者需认识到自己的能力圈，不做盲目投资，借助专业投资机构，进行合理的大类资产配置。随着社会和经济的快速发展和变迁，我们越来越处于一个不确定的世界，2016年各类资产的显著分化或将继续，但只要我们把控风险，信赖专业，在自己的能力范围内进行投资，那么，风物长宜放眼量，我们终将获取满意的投资回报。

漫谈道德经对投资的启发

邓时锋 / 文

时光荏苒，岁月如梭，自从 2000 年进入投资领域，伴随着股市的潮起潮落，业绩排名的竞争压力，各类投资理念的碰撞声，自己的内心也在不断地寻找着投资的真谛和价值的意义。寻求的路很艰辛，而寻求过程愈艰辛愈能让自己从内而外生发出对市场和竞争对手的敬畏之心。在寻求的过程中，我阅读了大量的书籍，而让自己真正有醍醐灌顶感觉的还是在读了道德经之后。面对博大精深的道德经，我感受到道的伟大，我深深明白自己的感受肯定非常的肤浅，下面就谈谈道德经对于我在投资思考方面的启发。

每个投资人其实都在孜孜不倦地寻求合适的投资理念，从而构建符合自身的性格、知识结构、人生阅历、世界观和价值观的投资框架。绝大多数人都希望能够找到一个清晰的、可细化的、固定的方法，从而打开财富的大门，一劳永逸地解决业绩持续、稳定、可靠的问题。到目前为止，大家能看到的，接受度最高的莫过于美国的巴菲特，这也让巴老倡导的价值投资大行其道，但是我们也非常遗憾地看到世界上只有一个巴菲特，从来没有第二个人采用巴菲特的方法获得了和他相似的业绩和影响力。即使是巴菲特的持有人也都在担心他未来的继承人能力如何，由此可知即使是巴菲特亲自选拔的衣钵传承人也很难得到大家充分的信任，说明大家内心还是认为复制巴菲特是非常困难的，更遑论我们这些隔着宽广太平洋的国内投资者。

其中的奥秘究竟在什么地方呢，当我看到道德经的时候，似乎得到了一些答案。道德经的第一章开宗明义的就谈到了这个问题："道可道，非常道；名可名，非常名。"意思就是说可以用语言表达的规律，就不是永恒不变的规律；可以叫得出的名字，就不是永恒不变的名字。我们知道股市作为宏观经济的晴雨表是千变万化的，它充分反映着实体经济的冷暖，产业结构的演变，上市公司基本面的变化，可以说股市中唯一不变的就是变化。而如果我们希望能够找到绝大多数人所期望的一个清晰的、可细化的、固定的方法来应对千变万化的股市，那么其结果很可能就是徒劳的，每一种固化的投资理念和投资框架一定只适合特定的经济发展阶段、特定的市场结构，是特定的投资人行为模式的产物，简而言之从来就没有一个可复制的方法和框架放之四海而皆准。"道可道，非常道"啊，它告诉我们规律永远一直存在，但是它一直在变化，明白了这个道理，我们就很容易理解为什么巴老是不可复制的，他也只是在美国经济发展的特定阶段的一个传奇而已。

那么我们究竟应该怎么来寻找自身的投资理念，构建投资框架呢。道德经里说

"故常无欲，以观其妙；常有欲，以观其徼"，"圣人无常心，以百姓之心为心"，这两句话的意思分别是说：如果一个人经常保持清静无欲，就可以观察天地万物的微妙之处，如果欲望过多，就只能看到天地万物的表面现象；圣人没有永恒不变的思想，而是把百姓的思想作为自己的思想。如果认真理解了这两句话，也许我们就明白了投资过程中最需要解决的问题，那就是如何做研究、如何磨砺成熟的心智，如何保持自身的学习和投资能力。股市中的投资人往往都充满了对金钱和利益的强烈渴望，因此往往难以做到"故常无欲，以观其妙"，而大多数时间都是"常有欲，以观其徼"，所以这首先给我们提出了一个要求：要排除杂念，脚踏实地地做好基本面研究工作，同时要持续地磨砺自身的心智，一方面要做到研究过程的实事求是，另一方面要保持客观冷静平和的心态，换一句话说就是做到了正心诚意之后才能真正做到格物致知。而对于投资而言，最重要的是学习能力，把"圣人无常心，以百姓之心为心"应用到投资领域，那就是"投资无常心，以市场之心为心"，这说明基于基本面的价值投资也是动态的、发展的，而不是固定不变的，研究价值是为了更好的匹配投资。在唯一不变就是变化的股市中，也不可能用固化的投资理念来套用到变化的市场，需要我们感知市场的冷暖，在实事求是的研究基础上，在合适的市场环境下选择合适的股票。如果做到了"投资无常心，以市场之心为心"，那么也许才能够不论投资理念和市场环境如何，都能够保持客观冷静的心态，深入细致的研究，敬畏市场，保持持续学习和投资的能力，这样我们才能够离成功更近一步。

道德经说"吾言甚易知，甚易行。天下莫能知，莫能行"，如果巴菲特看到这句话的话，也许会有特别的共鸣吧。几千年来，世事沧桑，大道无形，而人性和天道从来就没有改变过，在变与不变间有多少人生智慧啊。道德经如此的博大精深，我的理解肯定只是一鳞片爪，让我们保持一颗谦卑和感恩的心，敬畏市场，勤勉工作和学习，在为社会做出贡献的同时保持快乐充实的内心世界吧。

做中国证券市场的产业投资者

周伟锋 / 文

　　一晃进入证券投资市场已是第 8 个年头，资格不算老，但也过了年轻的阶段。也许是凑巧，入行的时候正值上一波历史大顶，记得很清楚的一件事情，2007 年 10 月刚迈入基金行业的大门时，彼时中国船舶正在奔向 300 元的价格；中石油新股上市当天 48 元开盘，这一个新股的收益就给一个基金带来了一周 2% 的无风险回报。与此同时，那个年代也有不少企业在从事着资产注入与收购重组的行为，只是彼时热衷并购的是矿权、地产等资源类资产。

　　相信很多朋友看到以上这段描述，感觉与当前的市场行情有几分相似之处，打新基金作为今年牛市的一个非常特殊的群体在积极扩张，本轮行情的个股价格上限提高到了接近 500 元，此时接过上一波周期类个股的是 TMT 类个股。与此同时，本轮行情的资产重组与收购也正如火如荼地展开，只是此时并购的热衷资产已经变换成了科技类资产。如上看似无关描述其实就是梳理投资理念与投资思路的一个参照。由此引发个人对证券市场的认识：首先，这个市场一直在进行着有其自身规律的轮回，正如有一句大家经常提起的话"这一轮行情与上一轮不一样"，但最终发现其实大的规律每次都一样。其次，如果大家观察上面描述的两轮行情的差别就会发现，其实有着宏观背景影响下的产业逻辑。个人认为，这才是市场行情演变的精髓所在，远比估值的高低与行情的点位来得更为靠谱。上一轮行情的主线是投资，而这一轮投资的主线是创新与科技，当然，他们的共同点也许是阶段性结构化的泡沫。于是，引发了个人对于证券投资的一个基本原则或者是投资理念方法——做一个证券市场的产业投资者。

从90年代的彩电、21世纪初的"五朵金花"，到上一届政府的"投资十年"引发的机械、化工大行情，乃至本轮行情的主线——改革、转型与创新。如果说很多投资者是从宏观来判断股票资产配置的仓位高低的话，个人更多地倾向于把大的宏观判断用在行业与大主题的配置。每逢碰到机构同行或者客户交流，大多会问到投资理念与风格到底是偏价值还是偏成长，这是一个共性的问题。而从个人角度我更愿意做一个证券市场的产业投资者，其实这本不是一个非此即彼的话题。进入证券行业后专门研究过国外的价值投资大师巴菲特的众多投资案例，以及众多曾几何时我们国内的巴菲特拥趸前辈的成功投资案例，其实大家赚钱最多的案例，显然不是目前众多价值投资者看得更重的估值，而是一个未来朝阳的产业背景，这些大师或者曾经的大师们难能可贵的是在产业初期就看到了产业长期的空间，国外的可口可乐，与其说是一个价值股，其实不如说其股价表现最好的阶段反而是一个成长股，或者说产业爆发初期的拐点股。论估值，目前普遍判断估值高低或者区分价值成长的方法基本上是以 P/E 为主。但如果上升到产业投资的角度，也许正是由于大家的标准还停留在这个方法上反而给了很多产业很好的介入机会。看似相对较高 P/E 估值的公司，如果结合产业背景与产业成长空间，就给了我们更多的投资选择。与价值、成长相对应的另一种衡量方法是在寻找投资标的上，有偏好白马价值股，有偏向黑马成长股，作为目前的中国证券市场来看，发现黑马是每个职业投资人一直追求的结果，但成长的概率与数量或许不足以支持公募组合投资的风格，个人希望发现更多的非白非黑的"灰马公司"来投资。这些公司有着白马股的估值安全边际，未来又能找到业绩超预期以及估值超预期的因素，带来从白马股走向黑马股的可能，也许由于他已经白了较长时间，黑起来的不那么纯粹，于是，个人把这类股票称之为灰马股，或者是称之为拐点型企业。

很多人把投资比做是一场马拉松，追求的是长期的业绩，我非常认同这个观点，并也把追求持续长期业绩回报为目标。与国外股市成熟不同的是，中国股市的环境更加复杂，如果要保持持续长期的良好业绩，国外的投资确实像一场城市的马拉松，而我们当前的投资环境更像是进行一场越野长跑，对投资人的要求更高，需要适应更多复杂的投资环境，调整自己的投资节奏。

学会淡定　把握价值

杨飞 / 文

　　从 2014 年的四季度到 2015 年的三季度，A 股市场跌宕起伏，作为一个上任仅一年的基金经理在这一年里经历了 A 股市场完整的一轮牛熊转换，不可谓不惊心动魄。

　　A 股从 2014 年四季度开始，以金融地产为代表的蓝筹股在低估值、低涨幅以及降息释放流动性的催化下，开始了一轮波澜壮阔的行情，上证指数在短短三个月的时间也从 2400 点上涨到了 3200 点，上涨了 33%。时间进入 2015 年，A 股市场迎来了更加疯狂的泡沫化进程，以互联网金融为代表的创业板指数更是在上半年短短五个月时间从 1500 点上涨到了最高的 4000 点，涨幅超过惊人的 160%，上证指数也从 3200 点上涨到了 5100 点，涨幅 59%。正在大多数人极度乐观预期 A 股将冲击 6124 点的历史新高时，危险正在不断迫近。市场永远超出大家的预期，时间进入到了 6 月份，一则证监会查处场外配资的消息冲击 A 股市场，当大家以为这只是牛市中的一个小扰动时，猝不及防的暴跌就开始了，接下来就是让所有投资人永生难忘的三个月，上证指数从5178点跌到最低的2850点，跌幅45%，创业板指数更是从4038点跌到了最低的1843点，跌幅54%。闪电熊以迅雷不及掩耳之势让所有人瞬时都懵了。

A股本轮牛市的逻辑基础就是流动性推动的牛市、改革的牛市。6月份证监会查处场外配资的过程其实就是在去杠杆的过程，去杠杆后导致场内流动性收紧，伴随改革低于预期以及高估值与高涨幅，A股市场由牛转熊。随着A股市场熊市的开启，业绩稳定性与估值安全性成为投资重要的考虑因素，但随着中报的陆续公布，大多数行业与公司的中报盈利低于预期。低于预期直接导致个股盈利下修，盈利下修后估值显著上升，负反馈开始，股价又进入了第二轮杀跌过程。

在这不到一年的牛熊转换中，我管理的3只基金在同类型基金中表现比较优异。截至2015年8月31日，国泰估值优势、国泰中小盘、国泰金龙行业精选分别排同类型基金的前1/7、1/4、1/3。我是一个性格相对谨慎但不保守的基金经理，擅长基本面研究，偏好成长股，操作灵活。之所以今年业绩表现尚可的主要原因是抓住了市场前5个月的成长股行情，积累了优势。其中信息服务行业前5个月是全市场表现最好的行业，远远领先于其他子行业，今年前5个月这三只基金就是抓住了信息服务的投资机会，主要布局了行业信息化的公司，信息服务占基金比重一度超过40%。和我的性格一样，出于谨慎的考虑，年初在互联网金融大涨的行情下，我并没有跟风，而是配置了业绩相对确定且估值合理的行业信息化公司，虽然涨幅不如互联网金融，但依然获得了明显的绝对与相对收益。5月底后，信息服务的估值已经非常贵了，基金主动大幅降低了信息服务的比重到5%，增配了中报略超预期的电子与环保行业，同时基金在7月初后也大幅降低了仓位，避免了基金净值的大幅回调。近一年的投资经历，我有幸经历了A股完整的一轮牛熊转换，让自己收获了很多，受益匪浅。

我的投资理念就是做自己能力范围内的投资，控制风险，为持有人带来长期稳定的投资回报，从我上任以来就一直践行这样的投资理念。这一年多以来，我做到在擅长的领域投资，学会认错、不跟风、不急躁，积累优势并把握机会，尽可能将错误降低到最低。投资是一件考验人性的工作，要做到绝对的淡定还需要时间的磨炼与经验的积累，作为一个投资领域的新兵，善于利用自己的优势并少犯方向性的错误，积小胜为大胜，是我现阶段需要重点把握的原则。

2015年还有4个月，对市场指数我还是比较谨慎的（仓位已经降低到接近下限），经济没有见底，国家短期救市使得权重股的价值没有得到合理的回归，因此市场指数存在继续下行的压力，但有些业绩好的成长股指数已经率先进入了合理的投资价值区间。市场恐慌与非理性的环境下是寻找优质股票的机会。5月底我卖掉手中的信息服务类股票，主要是因为它们已经脱离了合理的价值区间。现在我要在大家恐慌中挑出具备长期成长空间的超跌个股。

学会淡定，把握价值，善于发现，谨慎但不保守，投资领域的新兵同样会给基金投资人带来稳定的回报与不一样的惊喜。

告诉你哪些不能做：
经济转型期的三大投资误区

张玮 / 文

　　2008 年全球金融危机以后，随着中国经济进入转型调整期，A 股市场也呈现了长达六年的低迷调整。但在看似熊市的市场中，其内在结构却发生了显著变化：从 2008 年到 2014 年 6 月初，沪深 300 指数下跌 60%，但中小板指数仅下跌 25%；若加入创业板指数（2010 年 6 月开始编制），4 年来沪深 300 指数下跌 23%，中小板指数下跌 12%，而创业板指数上涨 37%。指数如此分化，个股的表现就更为悬殊。一边是 P/E（市盈率）估值上百倍的中小盘股票仍不断疯狂上涨，另一边是 P/E 仅几倍的传统行业大盘蓝筹股还阴跌不休。如何面对处于经济转型期的 A 股市场，是追风"新兴成长"，还是固守"罕见价值"？笔者根据自身投资实践的反思，尝试从认识及规避"投资误区"的视角，对转型期的股票投资进行探讨。

误区之一：对转型期经济发展模式变化认识不够深刻，忽视由此产生的估值影响

在转型期，靠过去三十年投资驱动模式发展的传统行业普遍面临产能过剩的增长瓶颈，在其不得不进行收缩供给、结构升级的同时，大力发展战略新兴行业，提高生产效率，拉动消费，必然成为政府驱动经济持续增长的新政策主张。经济发展模式发生了如此大的变化，其对股票估值也会产生重大影响。众所周知，价值是未来收益的贴现，当未来不同行业／企业的增长前景发生巨变，必然导致收益同向变化，从而影响贴现结果，即价值呈现相应巨大分化。在投资实践中，价值的测算普遍采用诸如市盈率等近似计算的相对估值方法，那么上述价值结果的巨大分化就通过市盈率等估值参数上的巨大分化体现出来。由此可见转型期股票市场的估值变化，与经济发展模式的变化密切相关。另外，必须指出，未来收益难以准确判断，受当前现实因素影响非常大，因此估值分化的方向是合理的，但短期内估值分化的幅度未必是合理的，而会随着时间修正。

误区之二：知识更新不足，思维僵化，忽视科技进步的影响和社会结构的变化

我国经济转型期恰逢又一轮全球科技进步浪潮，信息技术、生物医药、新材料、新能源等领域的技术创新给人类社会带来重大影响。举个简单例子，十年前上网设备商用与消费用的比例是 7：3，设备主要是 PC 机，如今上网设备商用与消费用的比例是 3：7，设备主要是平板、手机等移动终端，PC 已成非主流。可以想象，这简单数据的背后是多少行业／企业天翻地覆的变化。如果学习了解不够，知识更新不足，就容易忽视科技进步带来的好处或冲击。

　　思维僵化也容易导致忽视社会的深刻变化，尤其是年长的投资者。比如对社会结构的认识，年长的投资者对20世纪七八十年代大多数中国人穿蓝、黑、灰的中山装、留相似的发型、骑类似的自行车的情景还历历在目，这是社会消费者结构整体化特征的视觉表现。投资者依赖自身或身边亲友同事的行为感受，就能推断消费者整体喜好和需求，进而做出投资判断。但如今社会结构尤其是消费者个体特征出现了显著的结构层次细化趋势，不同个体之间、不同代际之间、不同区域之间的分化越发突出，尤其是代际之间的差异间隔（或称"代沟"）已从过去的每20年降至10年、甚至5年、3年，60后、70后的投资者已很难理解85后、90后年轻人的心理需求和行为特征。忽视这种社会结构的分化，仍按惯性思维单凭个人感受来简单推断整体市场，显然极易形成误判。

误区之三：对于企业并购的意义认识不足，忽视转型期微观主体内在动力与外部条件

　　前几年A股市场开始出现不同过往借壳重组形式的并购案例，通过外延方式驱动企业业绩增长，逐渐受到投资者的认可，股价表现较好。随后越来越多的上市公司加入并购浪潮，并购案例开始层出不穷。面对鱼龙混杂的众多上市公司并购行为，很多投资者开始转向否定的态度，认为企业并购不过是发行股票购买利润的简单资本游戏，并未真正带来企业价值的可持续增长。笔者对此持不同观点，有道是"莫为浮云遮望眼"，确实存在部分上市公司迎合市场炒作"简单粗暴"的利润购买行为，但因此而否定A股市场并购活动的意义，就好似"连洗澡水和孩子一起倒掉了"。

　　企业作为转型期的微观主体，其并购行为存在强烈的内在动力，即传统行业中

的企业借助并购实现主业升级转型，新兴行业中的企业借助并购快速获得技术、产品、市场、人才等资源，以抢占发展先机；同时企业还面临着非常适宜的外部条件，即国家对产业并购重组的支持、逐步宽松的并购监管政策、一二级市场的估值溢价、并购融资功能、转型期中出现的结构性行业发展机遇等。现阶段上市公司并购正面临着难得的"天时、地利、人和"的时间窗口，一批公司将借助并购实现做大做强、转型升级和可持续发展，对投资者而言，甄选出这些优质标的，才是更有意义的事情。

如果陷入上述投资误区，就会难以理解转型期股票估值出现的巨大分化。当然，短期内估值分化的幅度往往超出合理范围，故请特别注意，上述我们仅讨论了分化方向而非分化幅度的合理性。

转型期的投资误区肯定不限于上述几个，笔者在此抛砖引玉，是希望能给投资者一点儿启示，认清自己，避开误区，就离投资成功更近了一步。

投资中的知与行

王航 / 文

　　如果把"知"与"行"，理解为理论和实践，那么在投资中的确是知易行难。理论上，市场是有效的，可以自我纠错，投资者也都是厌恶风险和自发趋利避害的理性人，但实际上，我等凡夫俗子会犯很多例如过度自信、反应不足或反应过度等等认知和行为偏差错误，正是因为这些错误行为导致价格偏离内在价值，人性中恐惧和贪婪才是产生超额回报或亏损的根本原因。

　　正如古希腊哲人希望用数学来解释全世界，经济学家和金融行业从业者们多年来也孜孜不倦地试图用数学模型来发现投资的真谛，但实际情况是，由于在应用时受到诸多假设的局限，很多变量仍需要主观判断，因此模型所得结果的可信性大打折扣。要想获取投资的成功，所需具备的重要特征就是能够做到不随波逐流、人云亦云，但逆向投资的方法实践起来也远非说来那么简单，真正的考验来自当理想和现实出现偏差时，甚至长时间出现偏差时，能否在逆境中仍然坚持逆向。

"知"先还是"行"先，是在哲学上存在颇多争论的问题。

在投资中，投资理念可以看作是"知"的良知层面，是由价值观、人生观和世界观以及个人的性格特征所决定的，在这个层面上的"知"，应该是先于行的，它决定了投资者的思维方式和分析框架；而在投资方法层面的"知识"则更多是从实践中获得。

在投资领域，并非所有行为都符合逻辑，从实践中取得的经验也未必都是真知，但很容易使人因为策略暂时的奏效而陷入自我强化的路径依赖从而难以走出；历史会重演，但不会简单重复，因此以归纳总结为基础的投资方法很难长期奏效，不仅技术分析如此，很多基于对经济周期和行业景气周期波动预测的基本面分析也是这样，能够持续准确预测周期波动来去时点的一定是具备超能力的先知。

2006到2007年的大牛市后，很多投资者至今没有从周期为王的路上走出；在经历2010年到2013年结构特征非常明显的市场之后，刚总结出中国经济转型期投资机会主要来自成长加消费这样的经验时，2014年的市场却又呈现出另外一种特征，周期行业比如钢铁、有色金属、汽车等野百合也有春天，而食品和医药等消费品表现则差强人意。今年以来经济基本面和股市走势的背离，让股市是经济的晴雨表的经验失灵，此外，试图通过预测二级市场行业轮动节奏以获取超额收益的方法在这两年的投资实践中也同样受到挑战。

投资中的"知先行后"，还可以理解成大胆假设，小心求证。在掌握准确信息的基础上做出合理预测之后，投资的成功决定因素便取决于对预测发生概率的测算，这种求证的过程就是通过分析筛选出那些能够大概率发生的投资机会。

投资中"知"是为了发现投资机会，挖掘出好的投资品种，即"买好的"；"行"，则是要"买的好"，把握好的买卖时机。在众多买方、卖方充分覆盖的市场中，既能"买好的"，又能"买的好"谈何容易。从长期着眼，以获取企业的控制权为目的的投资，并不强调买卖的时点，较之以博取二级市场买卖价差为目的"投资"，更容易做到"知行合一"。

互联网时代，对研究和投资的求知和践行提出了更高的要求。在"知"的方面，借助于互联网，信息量及其扩散速度成几何倍数增加，如何在大量的财报、研报和海量的信息中，屏蔽噪音，找到对做出正确投资决策有用的内容，这既需要投资者有很强的信息搜集和筛选能力，也需要他具有较高的情商和良好的沟通技巧。

在"行"的方面，个体化、碎片化和去中心化成为第三次工业革命的核心内涵，投资管理行业也呈现这样的特点，我们看到越来越多的专业化的个人投资者、小型投资机构大量涌现，市场投资者结构正在悄然发生变化，互联网不仅使个体化的投资对市场的影响日趋加大，同时也产生出一些新的投资方法，比如通过互联网金融大数据构建选股模型，使得基于信息论和行为学的投资方法更为可行。

互联网以及互联网金融的发展，不仅对原有的投资行业生态造成颠覆，对传统的投资方法甚至投资理念都会形成冲击，能否主动适应这样的变化，将成为投资者在A股"新常态"中取得成功的关键。

国学与投资

SINOLOGY AND INVESTMENT

投资圈里的太极风

刘思嘉 / 文

　　马云喜欢太极拳是众所周知的事，在 2013 年卸任阿里 CEO 时，他还同李连杰合办了太极馆——太极禅院。若是有兴趣，打开太极禅微信公众平台的推送，输入马云二字，还能听到一段来自他本人的语音："也许我到了这个年龄呢，更加明白这个道理，我也相信绝大部分经过 10 年、20 年努力过的，不管你在从事任何行业，你一定会走到这一天，觉得，我们来到这个世界，最最重要的是，对生活的认识，对生命的认识，然后有一个很好的方法去处理它，太极禅就是要很好的分享这种精神。"

　　而在金融投资圈，同马云一样喜欢太极的人更是数不胜数：太极，讲究阴阳平衡；投资，追求多空之道。太极气运丹田，旨在静心屏气；投资血脉贲张，常常是弹指一瞬……两种看似矛盾的爱好与境界，却又神似相通，让很多金融人士为之着迷。

无过不及 中庸之道

中庸之道，孔子对其的解释是"中庸之为德也，其至矣乎"，是指一种不偏不倚，折中调和的处世态度。

从某种意义而言，太极拳动中求静，在不变中求万变，所谓的八门五步十三势，（掤、捋、挤、按、采、列、肘、靠、进、退、顾、盼、定）势势非呆板，步步非固定，不是执一不变，而是随时随地因人而有不同的理念，和"中庸"的道理有异曲同工之妙。正所谓拳不打三寸三，这三寸三，便是适中。如果打在三寸四，便是过；如果打在三寸二，便叫不及。过与不及，都会导致最终的失败。所以，太极拳论云"无过不及"便是这个道理。

投资中的"中庸之道"同样受用。巴菲特就是中庸之道的拥护者之一，他曾经说过："中庸之道是我唯一感到舒服的投资策略。"他所遵循的投资的简单原则"别人贪婪我恐惧，别人恐惧我贪婪"正是来自格雷厄姆，它是逆向的，反极端的，所以也是中庸的。因而具体而言，"中庸之道"就是要求投资者稳中求进，进中有度。

在市场行情好的时候要保持一丝悲观，在行情较差的时候同样保持一份乐观，避免在过度悲观和过度乐观两个极端摇摆不定，保持客观和理性；下跌过程中，在低估区域分批买进，在上涨过程中，在高估区域分批卖出，不要指望买到最低价，卖到最高价；资产配置中，适度分散，相对集中。值得注意的是，中庸不是折中，不是没有原则性；同时，还要注意刻意守中反而会偏离中道。比如面对如今的行情，聪明的投资者更应该保持一份冷静，谨记：在资本的市场上，并没有人比我们高明多少，也没有人比我们愚蠢多少。

我们只是和其他所有人一样，在股海中浮浮沉沉。没有一夜暴富的灵丹，而在风险可控的条件下，秉承长期投资的理念，稳健均衡的配置资产，不走极端的中庸之道便是指引我们投资的明灯。

其实，尼采的箴言早已告诉很多人投资秘籍："不要太高，也不要太低，站在中间，风景最美。"

刚中带柔　以柔克刚

以容克刚，四两拨千斤——这被认为是太极拳的奥妙所在：用因势利导的招式使外力不致伤己，而能为己所用。"柔刚"是太极拳阴阳范畴中的一对基本矛盾，客观要求在太极拳运行中做到刚中有柔、柔中有刚、刚柔相济。尤其是在技击中，必须处处注意适当地运用刚柔，对方刚时，不能以刚迎之，而应以柔化之；对方出现"丢"时就逢丢必打，此时必须显刚，以强大的内劲将其发出。

当然在刚柔转换之时，必须柔中寓刚，刚中有柔，方能立于不败之地。正如《太极拳论》中所说："阳不离阴，阴不离阳，阴阳相济，方为懂劲。"

而股市是一个多空变化的市场，人的情绪在两极之间交织，如果想在这个市场长期获利，要学会认识和管理自身的情绪脾性，阴阳平衡才不会被市场牵着走。

因此，在这一基础上，投资者要根据市场实际的变化设法采取各种措施保护自己，顺应市场，灵活多变，克服偏执，在资金管理和交易方式上始终保持适度的柔韧性，以此克服"刚性"及"多变"的市场环境。比如投资中难免会有判断失误存在，而出现错误时，不要固执地认为自己的分析总是对的，当市场证明你错了要果断认输。很多投资者在行情逆转的情况下不肯认输，甚至逆势加码，幻想价格仍将会向其预先设想的方向运行，其实这样操作犹如螳臂挡车，通常只会使自己陷入更危险的境地。在投资中学会认输，才能更好地生存下去，投资者应该顺应市场趋势。逆势操作往往是失败的开始，对抗市场必将导致悲惨的结局。当投资者看错趋势的时候，必须予以果断止损。"留得青山在，不怕没柴烧"，保存资金实力，树立信心，不断总结经验，最终仍有卷土重来获取盈利的机会。

内功修行 贵在坚持

在中国武术中，太极拳是一种内功拳，特别注重内气、内劲、内功的培养，以功为本的指导思想贯穿于整个拳法套路和功法单式之中。因此要掌握太极拳真谛，显然需要一个长期过程。

古语所说的"十年不出门""冬练三九增劲，夏练三伏增气"正体现了练拳不可间断性。

因而太极拳看似简单，但练到炉火纯青却非常之难，也最难坚持，很可能100

人中 10 个会有兴趣，但最后能坚持下来的不超过 1 个人，在太极的修炼中，坚持是一种很重要的品格，投资亦然．投资犹如一场马拉松。马拉松的长度使得一路上少不了道路的曲折，也免不了因途中风景和环境变化带来很不相同的感受，而胜利的关键不在于一次或几次加速冲刺，真正的胜利属于坚持不懈、有良好耐力、长期保持匀速的选手。

因此，投资者需要具备淡定的心态，做到耐心和坚持不懈地走正道，才能避免追涨杀跌，通过战胜自我来取得投资理财的成功。

书法与投资：
变化中孕育 强大生命力
秦媛媛 / 文

　　在世界各国文字书写中，没有任何文字像汉字一样，最终发展成一种独特的艺术形式并且源远流长。这足以显示出中国书法的强大生命力。而从某种意义上而言，中国书法生命力来源于两个字——变化。

　　没有"变"，就无法诠释"篆、隶、楷、行、草"诸体之演进历史；没有"化"，更无法理解万变不离其宗的书法魅力。而在投资的世界里，"变化"同样是市场的魅力所在。不同的基金经理有着不同的投资理念，并且必须有"变化"的观念，针对目前市场的变化情况，采取变化的策略。并且在投资者不断变化的需求中创新产品和业务。如此，才能争取主动，赢取投资利润。

和而不同

清代书法理论家笪重光说"名手无笔笔凑拍之字，书家无字字叠成之行"，宋代姜夔说："故一点一画皆有三转；一波一拂，又有三折；横撇又有数样。"

如果字的笔画、形体仅求相同、整齐，用笔、用墨、结字、章法上缺乏"不同"和变化，缺少方笔圆笔、一波三折、快慢徐疾、浓淡干湿的交替；字形缺少大小、宽窄、长短的不同；整体上分行布白缺乏参差错落、穿插顾盼、跌宕起伏等等之变，如何将字写得情意盎然呢？

因此，中国书法讲究"一点成一字之规，一字为终篇之准"之"和"，也讲究"不同"。这一原理同样适用于投资行业：不同派别的基金经理，其投资风格上差异显著。

价值型投资风格的基金经理热衷于"低买高卖"的投资策略，寻找"价格低廉"的股票。他们往往钟情于公用事业、金融、工业原材料等较稳定的行业，而较少投资于那些市盈率、价格收入比高的股票。

而即使都是价值型投资，每个基金经理挑选股票的标准也不同。他们一般会用两种方法来衡量股票是否"价格低廉"：一种是用模型计算出股票的"内在价值"，如果股票的市场价值比内在价值低，则为值得买入的"低价股"。另一种是根据股票的市盈率等价格倍数指标，与其历史水平或行业平均水平进行纵向和横向比较。在此基础上，重点关注股价预期会上升的公司。

成长型投资风格的基金经理通常更注重公司的长期成长性。所谓的成长性，包括收入的增长性或净利润的增长性。每个基金经理对公司成长性的期望可能不同，如有些基金经理只购买收入增长率在 20% 以上的公司股票。这种风格较少投资于已进入成熟期的周期性行业（如工业原材料行业），而青睐那些具有稳步成长性的行业（如医药行业、高科技股）。对于收入预期增长前景十分"乐观"的公司，即使市价比内在价值高，基金经理也愿意购买，因此其价格倍数也相应较高。

成长型投资的基金经理的具体选股方式也不一，有的完全不考虑股票的内在价值，有的同时考虑成长性和内在价值。

但不管是价值型投资还是成长型投资，其有一个共同的核心宗旨，即为客户的资产保值、增值，这正是"和而不同"在投资中的最高体现。

顺其自然

中国书法创作的经验告诉我们：越是刻意追求，越难写出令人满意的作品。正所谓弄巧成拙，事与愿违。所以，蔡邕《笔论》中说："欲书先散诸怀抱，任情恣性，然后书之。自然既立，阴阳生焉；阴阳既生，形势出焉。"当一个人的基本功达到一定水平之后，在"不经意""无所谓""无心"这种"零"心态下进行创作，就会"无心而成化"，书作才可能给人"清水出芙蓉"那种清新自然的审美享受。所谓"天人合一"，所以人应该清心寡欲，顺其自然地从事书法作品的创作。

投资之道，"顺其自然"同样重要。

简单而言，"顺其自然"就是让我们在进行风险投资的时候，应该将自己调整并保持在一个特定的状态之中。这种状态令我们在行情处于震荡时，能够透过行情表面反反复复的变化，用冷静的头脑，慢慢分清市场真实的强弱关系；在多空处于平衡状态时，能够用发展的眼光慢慢参透出平静之中暗藏的玄机；在处于被动时，能够分辨出行情的真假虚实，忍耐坚守正确的观点；在价格处于趋势运行中，能够克服恐惧或侥幸心理，做到当机立断，甚至壮士断臂。

"顺其自然"需要遵循一个"势"，这个"势"便是市场规律，是"阻力最小的运行方向"。因此，需要基金经理在投资中遵循市场的规律，并根据所掌握的信息，对趋势形成的原因及其对资产配置、行业和个股产生的影响，做出明确判断并采取相应的行动。

创新求变

历史上耳熟能详的书法家，例如隋唐时期的欧阳询、颜真卿、张旭，宋代的苏东坡、黄庭坚、米芾等，无一不是在书法的风格和形式上进行着不懈的创新与变革的勇士，并坚定地走出了一条既属于时代，又融入鲜明个性的路子，留下了不计其数的里程碑式的不朽篇章。

看过书圣王羲之《兰亭序》的人都会发现，其中反复出现几十次"之"字，却无一雷同，可谓变化莫测，风致别然。

基金行业同样需要"新"的理念、"新"的力量来推动行业的前行。回顾过去，不难发现基金业的发展很大程度上就是产品创新发展的历程，产品的创新为全行业提供了最基础的生命活力，为基金业带来了更广阔的生长空间、更切合客户需求的服务模式、更多样并高效地服务于实体经济和财富增值的资源配置方式。

不过，由于各家基金公司在创新能力、创新人才储备、创新成本投入等方面存在较大差异，对某类创新跟风模仿成为不少基金公司一时之选。

比如，2012 年以来，P2P 融资平台在国内高速发展，但部分 P2P 模式蕴藏极大风险，2014 年以来报道倒闭的 P2P 平台就有十多家。有些打着互联网金融旗帜，实际上是伪创新，并没有改变金融业的本质。

一位业内人士对此表示："'创新'这个词太大，可以包含很多东西，所以如果无视投资者利益、无视风险的伪创新，对于整个投资者、资产管理将产生重大负面影响。"

可以说，书法是书法家生命的记录。如果只是模仿他的字体，而不研究他书写时的心情以及他背后人文的东西，即便写得再像，也是肤浅和表象的，并没有走进书法家的内心，也不会找到书法的生命力之所在。

当基金行业在进行创新时，需要真正考虑的也是如何让产品、让业务迸发出真正的生命力，而不是短期的利益，不然，那毫无意义。

《孙子兵法》中的投资心理学
——保持平和的心态

浩宇 / 文

　　它山之石可以攻玉。当下的中国投资界，人们更习惯于从国外资本市场上生发的经验、教训、思想中获得启迪，毕竟，人家资本市场建立比我们早了许多年，比我们经历了更多风风雨雨。

　　然而，股市投资与沙场征战虽然各属于不同的领域，但其中也有着很多相通之处，非常有趣。其实，在股市里运作的时间越长，就越可能把它视为巨大的战场。在股市舞台上，你会发现自己处在一种异域的、不友好的环境中，其中有许多参与者随时准备把你连同你的资金与自信心分离开来。早在2500多年前，中国古代兵圣孙武就已经意识到心理因素在战争中的重要性。时至今日，《孙子兵法》中提出的心理因素仍然是决定股市投资成败的关键性因素，对于这一点，参与股市操作的投资者是绝不能忽视的。

《孙子兵法·九变篇》曰："故将有五危：必死，可杀也；必生，可虏也；忿速，可侮也；廉洁，可辱也；爱民，可烦也。凡此五者，将之过也，用兵之灾也。覆军杀将，必以五危，不可不察也"。

意思是说：将帅有五种性格上的弱点，只知拼命死战的心理，会被杀死；有贪生怕死的心理，会被俘虏；性情急躁的，会因为经不起刺激，从而失去理智；爱好廉洁的名声，会不能忍受羞辱；爱护民众，并且竭尽全力的保护民众的，会导致过多的烦劳。所以这五种心理弱点，是将领的过错，也是用兵的灾难。军队覆没，将领牺牲，必定是由于这五种危险引起的。

《孙子兵法·九变篇》曰：故用兵之法，无恃其不来，恃吾有以待之；无恃其不攻，恃吾有所不可攻也。

意思是用兵的原则是：不能有指望敌人不会来的侥幸心理，而要依靠自己做好了充分准备；不能有指望敌人不会攻击的侥幸心理，而要依靠自己有了使敌人无法进攻的力量和防御。

《孙子兵法·火攻篇》曰："主不可以怒而兴师，将不可以愠而攻战。合于利而动，不合于利而止。怒可以复喜，愠可以复悦，亡国不可以复存，死者不可以复生。故明主慎之，良将警之。此安国全军之道也。"

意思是说：国君不可因愤怒而发动战争，将帅不可因气愤而出阵求战。对国家有利才用兵，对国家不利就要停止战争。愤怒可以恢复到欣喜，气愤可以恢复到高兴。国家就不能复存，人死了就不能再生。所以，对于战争，明智的国君要慎重，贤良的将帅要警惕，这是安定国家和保全军队的关键！

综合《孙子兵法》的上述说法，可以看出，凡是在战争中屡尝败绩的将帅，往往会有这么几种比较突出的心理弱点，作为一个股市决策者，基本上也难以避免这些心理。从操作心理的角度来讲，这些都是最容易导致股市中投资者失败的主要心理因素，必须注意加以克服：

盲目胆大心理。有些投资者从未认真系统地学习过投资理论技巧，也没有经过任何模拟训练，甚至连最起码的证券基础知识（如怎样买卖等）都不明白，只是看到身边的人有人炒股赚了钱，就贸然地进入股市，参与投资。还有的投资者一旦发现股价飙升或股评家推荐，就不假思索大胆追涨，常常因此被套牢在高位。

贪婪恐惧心理。贪婪和恐惧是一个事物的两个方面。事实上，即使是一个聪明人，当他产生类似的恐惧心理时也会变得特别愚笨。在证券市场中，贪婪和恐惧常会使投资者的投资水平发挥失常，屡屡出现失误，并最终导致投资失败。因此，贪惧是投资者在股市中获取赢利的最大障碍之一。投资者要在证券市场中取得成功，必须要克服贪与惧。

急切焦躁心理。毕竟人非圣贤，由于股市风云莫测，投资者有时难免会心浮气躁。这种焦躁心理是炒股的大忌，它会使投资者操盘技术大打折扣，还会导致投资者不能冷静思考而做出无法挽回的错误决策。心理急切焦躁的投资者不仅最容易失败，也最容易灰心。很多时候投资者就是在充满焦躁情绪的投资中一败涂地。股谚有云"在熊市中，时间是投资者的天敌，在牛市中，时间是投资者的贵人"，牛市里面，股票是要用时间来捂的。

固执心理。有些投资者可能多炒了几年股，以为自己有了点经验，或者是多读了几本书，自认为理论功底很深，于是一味固执己见，听不得别人的意见；或者是固守某种教条，如只买绩优股，或只买某个板块的股，浪费掉许多大好的机会。有的人则是明明看到自己手上的持股与预期不符，已经见顶却又不愿面对现实，让自己的处境陷入了被动。

泛爱心理。证券市场中有数不清的投资机遇，但是，投资者的时间、精力和资金是有限的，是不可能把握住所有的投资机会，这就需要投资者有所取舍，通过对各种机会的轻重缓急、热点的大小先后等多方面衡量，有选择地放弃小的投资机遇，才能把握更大的投资机遇。

侥幸心理。侥幸心理是危害投资者利益，容易导致投资失败的主要原因之一。有侥幸心理的投资者通常缺乏正确研判市场的能力，正是因为他们缺乏对市场的足够认识，缺乏对趋势的清醒辨别。所以，他们的投资行为往往是建立在没有客观依据的基础上的，对他们来说，选股就如同是押宝，买卖操作就像是赌博。

冲动心理。股市投资是一种逐利行为。投资者应该对投资行为保持慎重的态度，严格执行"趋利避害"的原则，只有在符合利益原则的条件才可以参与投资，不符合利益原则的投资行为坚决不参与。在投资中千万不能因为生气而影响投资的情绪，更不能在处境被动时采用赌气式的操作，因为生气可以转化为平静、被动可以转化为主动，而赌气导致的失败往往会使投资者在物质和精神上遭受双重打击，所造成的损失将是难以弥补的。

　　面对生性难以把握的市场，要做超级操盘手，就要保持心理上的超脱和豁达，保持平和的心态。或许我们都应该像一个宽厚的父亲对待自己的爱子一样，时刻在背后关注着他，与他摆开距离的同时默默地深度与他对话。在他情绪高涨、忘乎所以的时候，要及时给他泼点冷水；反之，在他遭受挫折或重创而过于悲观和消沉的时候，要及时给他指引并对他合理的诉求给予资金支持。其余的时候就让他自由表演，老爸则几乎什么都不用做。想做超级操盘手，就应有"视市场如子女"之气度，就要有做"市场之父"的宽厚、老练和从容。

《琅琊榜》中暗藏的投资密码

薛霁 / 文

一卷风云琅琊榜,囊尽天下奇英才。热播剧《琅琊榜》落下帷幕,但是热度不减,如今这把"火"已经烧到了韩国,未来还将烧到新加坡、马来西亚等地。你以为《琅琊榜》仅仅是一部权力争夺戏? 其实它告诉了我们很多投资经验,可以说,价值投资是梅长苏的成功之道。

一、信息很重要

从古至今,在关键时刻掌握敌人没有掌握的信息,往往成为制胜的关键。用今天的话来说,便是"得大数据者得天下",而梅长苏能够对全局有精准的掌控更是离不开信息。梅长苏对信息的运用可谓登峰造极,这主要分为三方面——信息搜集、信息分析与信息传播。琅琊阁与梅长苏渊源极深,成为梅长苏搜集信息、发布信息的重要外包公司。梅长苏的信息分析能力更是惊人，往往能通过对方的一举一动看透背后动向与逻辑，并据此迅速调整应对之策。

如今的互联网时代，信息爆炸，对于投资者来说，信息的缺乏已经不是问题，最大的问题来自于如何从纷繁芜杂的信息中滤掉噪音，提出有用的信息。对于投资者来说，有用的信息是：持续性强，确定性好，未来仍会持续推进的信息。符合这些标准的，比如国家级重大事件、工程；产业政策制定、发布等。这类事件由于影响范围大，时间长，影响又在未来，所以比较容易引发市场共鸣，也是主题投资的温床，所以值得重点关注。

而无用的噪音信息的特点是：影响小，持续性差，更多是对此前问题的报道。比如：A股市场中最流行的主力动向追踪、对公司过去历史问题的报道。这类报道时效性极短，多数是市场噪音。完成信息筛选之后，如何解读信息背后的价值？

二、安全边际

安全边际，就是买入证券时要建立起安全防护网。梅长苏在开启复仇之路之前，便做好了万全准备。梅长苏对朝中局势有清晰认识，对自己选择扶持的人坚定明确，对可能会碰到的问题做了缜密计划，对行动之前需要的人力、物力、财力做了充足准备。12年后，时机成熟（具有安全边际）时，梅长苏才涉足朝堂。在扶持靖王的过程中，先暗中辅佐保护靖王，避免直接卷入党争；再运用强大的情报系统和绝世智慧，不断化解夺嫡风云、庙堂权谋之中的危机。

反观价值投资者，更要事前做足研究分析工作，不断评估获利能力，寻求价格与价值的关系，只有当价格和价值相比具有安全边际时才做交易；事中制定适应性策略应对股市波动，作好资金管理、风险管理。

三、内在价值

内在价值，就是对股票涨跌源于市场对其内在价值的测定，价值投资就是寻找以等于或低于其内在价值的价格标价的证券。在投资里，选择好的、合适的标的尤为重要。为什么梅长苏会选择靖王？原因之一是市值小。在当时的情势下，靖王母族不显、人脉衰微、梁帝冷落、不占优势，因此，初期靖王身份低微。

原因之二是估值低，安全边际高。靖王初期不受皇帝待见，因此估值低。但与初期受皇帝喜欢的太子和誉王相比，其风险较小，安全边际高。因此，即使他没有梅长苏的辅佐，献王太子和誉王在夺嫡过程中很可能也会两败俱伤，宅心仁厚的靖王终会成为帝。这恰是价值投资的体现。

原因之三是成长空间大。初期靖王在外已是屡立军功（财务数据殷实），具有纯良心性与超凡成长力，恰是一位被低估的帝王之才。并且梅长苏目的就是复仇和洗冤，只有靖王和梅长苏才有共同的目标，这是双赢的选择。

这就是最好的标的！价值选股、理性投资、更多关注被低估的、绩优的成长概念，就是梅长苏所带来的启示。最关键的一点，是"靖王股"必须具有潜力价值。

四、正确的态度

正确的态度，就是说应该对投资抱持一种正确的态度。从方式上看，梅长苏翻案可以通过"投机"胁迫梁武帝，也可以通过"反向操作"造反夺帝，但是梅长苏想要的不是这样的翻案，而是有意义的、还天下公道的平反。最后他选择了"价值投资"的正道，选择扶持明君、振兴山河，顺理成章地完成了平反冤案。

价值投资同样要"走正道"，要着眼于长期回报，而非短期盈利，"需能戒急用忍，不为短期利益诱惑或损失所动，长期持有价值标的，静候资产羽翼丰满"。梅长苏无论是在扳倒谢玉、太子或是夏江之前都有清晰的策略。投资者需要有适合自己的投资交易策略：买什么、亏多少止损、什么情况下止盈？涨了要有应对策略、跌了也要有应对策略。投资者在明确了自己的投资目标后，就要运用一些具体的操作方法。分散投资、固定比例投资，那么多投资方式，到底哪个适合你？

五、耐心等待机会的出现

梅长苏在正式出山来到金陵开始他的复仇之路之前，他花了13年的时间来做准备。梅长苏为投资者阐明了"耐心"——不是漫无目的消极等待，而是准备充足后的精准出手，耐心关乎时机而非时长。许多个人和机构投资者，要么缺乏"耐"，耐不住寂寞、过于冒进，过早进入又过早退出，忽略行业领域的发展阶段和趋势；要么失于"心"，变得优柔寡断裹足不前，将时机耗费在无休止的等待之中。投资者需要等待：等待标的股票被低估时买进，严重高估时卖出；交易者也需要等待：等待向上趋势确立时买入，等待向下趋势出现时卖出。

象棋中领悟投资哲学

吴薇薇 / 文

棋者，奕也。下棋者，艺也。

博弈是东方文化生活的重要组成部分，也是象棋的魅力所在，"弈"中的恬淡、豁达、风雅、机智和军事、哲学、诗词、艺术共聚一堂，让象棋成为中国四大传统艺术形式"琴、棋、书、画"中的一员。

证券投资，同样是一场关于"博弈"的游戏，红黑之间、楚河汉界之外，棋艺带来的启悟和内涵早已被无限拓展，投资更像是投资者之间的力量博弈，投资者与市场要素之间的博弈。

先为不可胜　以待敌之可胜

《孙子兵法》有云：昔之善战者，先为不可胜，以待敌之可胜。不可胜在己，可胜在敌。胜可知而不可为。

这句话主要是从备战的角度出发，强调"先胜后战"的思想，指出善于用兵的人，总是先创造条件，使自己不被敌人战胜，然后等待和寻找有利的机会同敌人作战。

可以说，这是象棋中很重要的一条谋略。

步步为营，象棋需要先布属好自己的阵营，而不是急于拿下对方的棋，让对方拿不下自己的棋才是关键。而这一点延伸到投资上，用"华尔街教父"本杰明·格雷厄姆两条经典投资铁律来形容或许最为合适："第一条，永远不要亏损；第二条，永远不要忘记第一条。"

投资的目的是赚钱，但是赚钱的基础是不亏钱。基础不牢，一切的利润不过是水中花，镜中月，空中楼阁而已。反之，只要真正永远把风险意识放在第一位，把不亏或者尽可能少亏的基础打牢了，在清晰的上升趋势中赚钱会变得相对容易。

这就要求投资者做到知己知彼，具体对基金管理人而言，便是对市场行情有一个比较清晰的判断。

A股市场中充斥着各种各样的消息，基金经理最基本的素质就是能够在这些不同的信息里面区别分析信息。比如说在某个时刻市场被很多人士看好，但是基金经理一定要有自己的分析，平和淡定、批判性地看待很多信息。

"以待敌之可胜"，真正的象棋高手和交易高手都是高瞻远瞩，胸怀大局，才能在博弈中赢得先机，略胜一筹。

在博弈中等待，在等待中把握先机，而投资就是一个不断等待的过程。

　　当然，对于坚定的价值投资者来说，持股等待应该是轻而易举的事情，反而买入前的等待才是最大的考验。由于伟大企业的稀缺，所以发现优秀的企业后既害怕持续上涨错失机会，又不能违反安全边际的原则，既需要准确把握企业的估值，也需要稳定的心理素质。这种等待可以说是一种煎熬，矛盾的心情比之持股等待的坦然要困难得多。

　　"如果你的目标是长期的，但是短期的市场表现和你原先的预判不太一样，这个时候就要去寻找原因，根据原因进行调整，如果你认为自己的判断是正确的，那么就要继续坚持。"一位基金经理如是描述"等待"的过程。

知己知彼百战不殆

　　下象棋，换位思考很重要，即站在对方角度看问题。

　　下棋胜者多半能理解对方的意图，而不是以自我为中心，不仅仅要布局好自己的阵营，同时也要把握全局，紧盯对方的棋子及其走势，静观其变然后有所应对。所谓知己知彼百战不殆，"棋"中可见一斑。

　　投资基金应"知己知彼"，管理外部风险，要"知彼"；管理内部风险，要"知己"。知己知彼，才能提高投资获利的概率和空间，有了获利的"甜头"，才能"战而不殆"。

　　内部风险，即基金投资过程中相关的法律法规和基金合同相关规定。

外部风险，即基金投资者无法消除的风险。比如，以股票型基金为例，由于该类基金必须保持 60% 以上的股票仓位，在 2006 年和 2007 年大牛市时期，获得高收益是大概率事件，在 2008 年市场暴跌时期出现大的亏损也是大概率事件。当然，在市场大幅波动时，不同基金的盈亏表现可能有较大差别。

对于这种风险，知己知彼之下，可以通过择"基"与择"机"来规避，择"基"，即挑选业绩好的基金，可参照三个标准：一是公司旗下基金整体业绩良好而且逐年提升；二是目标基金表现优秀；三是基金经理过往经验和投资管理能力。如果是新基金，还得看同类基金在市场的整体表现是否亮丽。

而择"机"则是把握买卖时机。通常，在牛市初期（包括阶段低谷）是买入股票型基金、卖出债券型基金的好时机；在牛市末期，是卖出股票型基金、买入债券型基金的好时机。问题是几乎没人敢说自己能百分百准确判断顶部和底部。

弃子争先

下棋讲究"先"字，"弃子争先""宁失一马，不失一先""得子得先方为胜，得子失先方为输"……

象棋中的"弃子"战术，其实是对有生力量的保护，走一步看三步甚至五步，落子走棋时不要过于执着于单个子的得失，而是要力争并着眼于争取主动权和优势。而这就好比投资中的"止损"。

　　世界投资大师索罗斯说过，投资本身没有风险，失控的投资才有风险。学会止损，千万别和亏损谈恋爱。

　　止损是交易过程中自然产生的，并非刻意做作，是投资者保护自己的一种本能反应，市场的不确定性造就了止损存在的必要性和重要性。成功的投资者可能有各自不同的交易方式，但止损却是保障他们获取成功的共同特征。

　　止损远比盈利重要，因为任何时候保本都是第一位的，盈利是第二位的，建立合理的止损原则相当有效，谨慎的止损原则的核心在于不让亏损持续扩大。

　　可以说，下跌有着比上涨更大的影响力，这是让许多交易者不得不面对的一个数学事实。当你亏损了 10% 的时候，需要上涨 11% 才能回到原来位置；亏损 20% 的时候则需要上涨 25%；亏损 33.33% 的时候，就需要上涨 50%；而若亏损 50% 的时候，就需要上涨 100%。正因为大亏损会导致之后的交易极为困难，所以娴熟的交易者都会竭力避免大亏损，而避免大亏损的一个重要方法，就是在犯错但未演变成大亏损之前离场，也就是"止损"。只有尽早止损，才能远离可怕的下跌"恶魔"。

功夫在诗外：
价值投资的中医视角
沈庆明 / 文

　　中医，以整体性为基础，以辨证法施治，这一点和价值投资有着相似相通之处。

　　世人眼里"西医擅长治病，中医精于调理"的论调有失偏颇，这就好比把西医比作量化投资，把中医比作价值投资，人们在强调量化投资高收益的同时，往往又会觉得巴菲特似乎永远不可复制。

借鉴整体观念与辨证论治

　　中医以系统化的视野审视人体与自然，通过最普通"望、闻、问、切"对患者进行诊治。乍一看，与西医仪器检测、定量分析的方法非常相似，只不过中医用"搭脉"来代替"化验、透视"等现代技术手段罢了，其实却是大相径庭。

中医独特的理论体系来自于长期的医学实践，它是在古代哲学思想指导下，并融合了当时的自然科学知识而逐步形成的。这一独特理论体系有两个基本的特点：一是整体观念；二是辨证论治。

同一个症状，不同中医可能经常得出完全不同的结论，原因在于每个人看待的视角不同、认知能力不同。根据治病能力高低，中医可分为上工、中工、下工三类。

与中医类似，价值投资者同样的调研，不同的认知能力有可能得出截然相反的结论。价值投资者所真正缺少的，是具有完整决策能力的"上工"，而不是治"已病"的追随者。

所谓的价值投资，就是期望在企业被低估时买入，在泡沫中卖出，而企业从低谷到鼎盛是有一个过程的，就像从"未病"到"病"，越到"病"的时候逻辑越清晰，但往往这时已经错过最佳的配置机会。

很多价值投资者师法巴菲特、费雪、格雷厄姆这些大师，然而他们实际操作却有可能越跌越买、越套越深。站在中医角度考虑，这是因为缺乏对整体性、辨证性的把握。价值投资者要像扁鹊治齐桓公一样，疾在腠理即识，而非病灶爆发以后事后补救。

追求内部平衡与外部统一

中医的整体性内涵有二：一是认为人体是一个有机的整体；二是重视人与自然

界的统一。人体各个系统相生相克又相互调节，用来维持整体的协调和平衡，同时人又实时和外部进行着物质的交换，所以人与自然又在进行着微妙的统一。

这就好比一家企业的内部结构在进行互相牵引的同时，又与外部生存环境进行着交换。

最基础的调研，是对企业的整体性认识，亦是从内外两个方向驱动分析。企业内部的资产状况如何、各个部门运作是否高效、产品质量是否优异、管理层是否稳定、董事会是否与公司配合良好等等，这是内在的统一。

外部方面，着眼于企业所处的环境，如公司所面对的市场、所处行业的政策导向、大众对产品的认可度等。

人们喜欢关注资产收益已经很高的企业，然而市场也给了它很高的定价，这就像治"已病"，谁会傻傻把好企业低价卖给市场呢？巴菲特增持公司的时机，常常在金融危机或行业危机时。

"巴菲特的一天"揭示"他每天要读五种报纸，还有一大沓公司的年报和季报及股东的报告。另外，他还有一些杂志"。这是他总揽全局的部分。

他对公司具体情况也时刻进行详细的跟踪："上周政府雇员保险公司(GEICO)又卖出了多少份汽车保险，又偿付了多少索赔；昨天卖出了几磅喜诗糖果……"

巴菲特很多超前的预判，即在于他对内部与外部整体性把握的胜人一筹。价值投资者发掘价值，也需对所有因素进行全面考量。

把握辨证依据与论治目的

所谓辨证，就是将四诊（"望、闻、问、切"）所收集的资料、症状和体征，通过分析、综合，辨清疾病的原因、性质、部位和邪正之间的关系。论治，则是根据辨证的结果，确定相应的治疗方法。

辨证和论治是先后不同的两个阶段。前者是后者的前提和依据，后者是前者的目的。

辨证是阶段性的、动态性的，同一种疾病由于疾病发展阶段不同或病人机体的反应性不同，则其病理变化就会不同，根据辨证论治原则，治法也就不同，这种情况称为"同病异治"。

对公司的评判，无论是基于估值还是现金流，所有的分析都是超前的，并且这种超前又极有可能存在偏差，因为价值投资框架内对未来的分析和判断，很难脱离主观性。

中医有五种主要思维方法：其一，取象比类，根据被研究对象与已知对象在某些方面的相似或类同，从而认为它们在其他方面也可能是相似或类同的；其二，司外揣内，是指通过观察事物外在表象，以揣测分析其内在状况和变化；其三，揆度奇恒，考察两种或两种以上对象之间不同与相同之处；其四，试探证明，尝试性地提出初步设想，采取相应的措施；其五，推测演绎，从一般推导出个别的思维方法。

其实，对于价值投资者而言，这些思维方法知易行难，整合运用并不在于对方法的认识，而更多的是"功夫在诗外"。每个人的学识、阅历和禀赋，能从"术"上升到"法"，最终形成"道"，成为真正的"上工"者，寥寥无几。

价值投资者须对世间万物有独到的洞察，有穿越周期的视野和博学，还得配上个人独到的经验、感悟和智慧。只把视野盯住标的本身，亦或从投资这种行为本身去理解，是远远不够的。

价值投资者有时候可能会觉得价值的发掘是一件很困难的事，但事实上或许不经意间，就诞生在包罗万象的生活细节中，因而具有了它独到的生命力和不可复制性。

价值投资与中医理念，起源于生活，再升华为一种哲学上的认识和理解。价值投资者要从术的层面去着手，从法的层面去分析，从道的层面去认知，但最终能达到何种层面，要靠个人的机缘和参悟。

饕餮盛宴：
舌尖上的投资

张嫱 / 文

　　美味的创造离不开"食材""厨师""时令"三要素的完美配合，而世间大道多相通。基金投资与饮食烹饪亦有相通之处：确定风格并精心挑选投资标的，寻找优秀的管理人加之自我良好的择时能力，才能赢得良好的长期投资回报。

　　民以食为天。

　　美食，对于每一个中国人来说，都可以称得上是最平常而又最特别的存在。

　　时代变迁，五花八门的烹饪技巧，让简单的食物以不同的形式展现在食客面前。酸、甜、苦、辣、咸，每一种味道都刺激着每一位食客的味蕾，在舌尖上留下不同的记忆。

挑选最合适的"口味"与"食材"

"香格里拉,松树和栎树自然杂交林中,卓玛寻找着一种精灵般的食物——松茸。松茸保鲜期只有短短的两天,商人们以最快的速度对松茸的进行精致的加工,这样一只松茸 24 小时之后就会出现在东京的市场中。"

这是《舌尖上的中国 1》第 1 集《自然的馈赠》的开篇。一只刚采的松茸 24 小时之后就会出现在东京的市场中,可见人们对于食材的追求可以是多么极致。

确实,要做出一道回味于舌尖的美食,最基础的就是选好食材和口味,如果食材本身不佳,又或者有食客无法接受的味道,那么再高明的厨师也是回天乏力。

不同的地域和文化偏爱不同的口味,而上佳的食材能够给舌尖最完美的体验。食客们总是在努力用最合适的食材制作出符合自己口味的佳肴。

那么,在投资的世界中,投资者又应该选择怎样的口味和食材呢?

首先,风险——口味。风险承受能力也是基民在选择基金产品时应考虑的重要因素之一。如风险承受能力高的投资者可以选择风险高的股票型基金,而风险承受能力低的投资者可以选债券型和货币型基金这类稳定性较强的产品。就像在口味上,中华饮食有"东甜西辣,南淡北咸"的特点,如重庆爱辣,而上海偏甜,不同的文化和底蕴,反馈在舌尖上的,是截然不同的味道。

其次,投资标的——食材。简单来说,就是考量产品的投资方向。如果我们投资股票型基金，会看到林林总总的行业分类，能源、消费、战略新兴产业应有尽有，就像那万千的食材一样令人眼花缭乱。如果你偏好的是那刚采摘不满24小时的"松茸"，喜欢它新鲜的美味，或许你会更喜欢战略新兴产业主题的基金更多一些。

识别优秀的"厨师"

有一千双手，就有一千种味道。中国烹饪，无比神秘，难以复制，从深山到闹市，厨艺传授，仍然遵循口耳相传、心领神会的传统方式。家族的秘密、师徒的心诀、食客的领悟……美味的每一个瞬间，无不用心创造。

厨师以手中的厨具，制作出一道道口齿留香的美味菜肴，成为文化的传承者和书写者。而在投资的世界里，基金经理则以其投资能力，为投资界写上浓墨重彩的一笔，比如巴菲特，又如彼得·林奇。

一位优秀的基金经理，可以为基金公司带来良好的经营业绩，为投资者到来更多的分红回报。在"以业绩论成败"的基金领域，业绩是每一位基金经理不得不面临的问题。和短期压力相比，长期表现才是衡量一位基金经理业绩的标准。坚持，更是一种难能可贵的品格。在遭遇短期业绩滑铁卢的情况下，能否能迅速调整心态和策略，力挽狂澜，亦非一朝一夕之功。

如同一位厨师入门越久、经验越足、厨艺越能得到认可，在行业人士看来，经验同样是基金管理人所不可或缺的"资本"。基金经理往往需从业经历超过 10 年、基金管理经验超过 5 年，才能将投资业绩保持在稳定水平，并能持续带来良好回报。年轻的基金经理往往免不了经历失败，才能一步步成长起来。这正如每一位厨师刚刚入行时都是学徒，在时间年轮碾过，历经岁月洗礼后，学徒变成了受人尊敬的老厨师，而基金经理也在保持良好业绩中获得投资人的信心。

另一方面，是团队的默契。每一位厨师都有自己的拿手好菜，如《舌尖上的中国2》第 2 集《心传》中，本帮菜大师李伯荣将一身厨艺分别传承给两个孙子李巍和李悦的故事。哥哥李巍刀工精湛，一道"扣三丝"做得出神入化；而弟弟李悦则专攻火候，十秒的烹饪时间，他能根据虾壳的爆裂声判断出锅时间。兄弟俩造就的美味，正说明了团队的力量。

一个良好而稳定的投资团队令人倍感信赖。回想 2010 年的公募基金行业，最令人印象深刻的，莫过于华商"三剑客"庄涛、孙建波、梁永强管理的华商盛世成长，以 37.77% 的收益率排名第一。然而，随着 2011 年、2012 年三剑客的各奔东西，投资业绩也逐渐趋于平淡。因此，一个优秀的投资团队，默契的配合，也是做成一道美味的关键。

伺机抉择"时令菜"

东北的铁锅炖鱼在宣告漫长的冬季接近尾声；浙江临安的春笋、北京的香椿那是春天独有的味道；千岛湖的螺丝、台湾的飞鱼干、新疆吐鲁番的葡萄干那是夏天别样的馈赠；江苏的板栗、扎肝将秋天晕染得分外绚烂。中国的厨师，依靠丰富的经验，在时节的变化里，寻找到各种精彩的食物组合，并流传至今……

而在投资的世界里，同样有着一套关于"时令"的法则，除了有好的产品、优秀的基金经理，"伺机而动"也尤为重要。

根据市场的不同变化特点，设定不同的投资组合，在瞬息万变的市场中把握投资机会，是投资者的必修课。

在2011年之前，市场上更多人关注的是经济的整体稳态波动情况，擅长做周期波动的投资者获得了丰厚的收益。随后，经过2011年股债双杀，进入2012年之后，市场利率的下移造就了整年的债券牛市。2013年则是中小板、创业板集体爆发的一年。而从2014年开始，市场关注如何从政策和改革的角度出发，寻找结构性的投资机会，这种转变则会在投资风格中发生巨大的差异。

汉字里的"时节"二字，就是有所为，有所不为。中国，多样的地理环境和气候，日出而作，日落而息，人们春种、秋收、夏耘、冬藏，四季轮回中，隐藏着一套严密的历法，历经千年而不衰。相比农耕时代，现在的人们同自然日渐疏远，然而沿袭祖先的生活智慧，并以此安排自己的饮食，已内化为中国人特有的基因。这是关于时间的故事，是中国人与自然相处的秘密。

而关于投资的秘密，或许同样隐藏在时间里。

悦读

READING

不平等，逃离还是无法逃离？
——读《逃离不平等：健康、财富及不平等的起源》

张进 / 文

　　2015年诺贝尔经济学奖颁给了美国普林斯顿大学经济学教授安格斯·迪顿，奖励他"对消费、贫困和福利所做的分析"。他2013年的著作《逃离不平等：健康、财富及不平等的起源》也成为大家阅读的焦点。《逃离不平等》讨论的虽是关于贫困、财富、不平等宏大的命题，但全书并不晦涩难懂。

　　迪顿在书中以自己家族的故事开头，将经济学、历史学、人口学、心理学等诸多学科的知识融入其中，从健康和财富这两个角度，认真地研究每一个个体行为，仔细地测量每一组数据，用实证方式通俗易懂地阐述了人类发展与不平等之间的复杂关联。有所为有所不为在该书中有一个很有意思的论述：国际援助的"不作为"才更有利于贫困国家的发展。迪顿在文章中写道："只援助并不能让穷国经济增长，甚至会让穷国保持穷困，国际社会最能表达同情的方法就是不要援助。""依我之见，这些机构当然做过好事，比如与艾滋病以及天花等疾病的斗争就是极好的例证。然而我却越来越相信，多数外在的努力更多时候是有害的。如果这种外在的帮助是在阻碍这个国家的自身成长（我也相信的确会如此），我们就不能坚持以'我们必须做点什么'这样的理由去继续干预它。我们应该做的就是停下来。"

这和几千年前中国道家提倡的"授人以鱼不如授人以渔"观点有异曲同工之处。简单的给钱和物资并没有办法从根本上消除贫困，提高贫困者的知识技能水平，贫困者才可能逐渐具备发家致富的造血功能。另一位诺贝尔经济学奖获得者——穆罕默德·尤纳斯，创办的无抵押微额贷款银行30多年来使"数以百万计的孟加拉国贫民摆脱了贫困"。这种穷尽个人的努力虽也帮助了许多穷人脱贫，但因缺乏更广泛的政策推动和全面协调，此举至今依然无法成为该国穷人逃离不平等的普适路径。相比较提倡国际援助机构的不作为，迪顿坚信，政府是要有所为的。

他认为在消除贫困问题上政府责无旁贷。"国家能力的缺失——无法提供富国人民习以为常的服务和保护，是贫困和落魄的主要原因之一。"至于国别间日益加剧的不平等现象，迪顿认为，根源在于目前全球没有"一个统一的政府出面应对"，说直白点，就是缺乏统一有效政策的协调，各个国家各自为战。

患寡更患不均

对不平等的逃离与对平等的追求是人类绵延至今一直追求的愿望。孔子曾在《论语·季氏》中有句名言："不患寡而患不均，不患贫而患不安。"不怕蛋糕不大，就怕蛋糕分得大小不一。

平等是愿望，但迪顿作为一个微观领域的经济学者，在书中他也理性地表达到："不平等本身就是一个悖论：发展导致了不平等，不平等却时常有益发展，比如它会为后进者指明发展方向，或者刺激后来者去迎头赶上。但不平等也时常会阻碍发展，因为既得利益者为了维护自身地位，会破坏追赶者的发展道路。""不平等经常是社会发展的一种后果"，"今天的全球化与早先的全球化一样，一边促进繁荣，一边制造不公平。不久之前仍处贫困的国家，诸如中国、印度以及韩国都抓住了全球化的机遇，经济迅速增长，而且增长速度大大超过当期的富裕国家。从而，它们已经从较贫困国家的行列中离开，剩下的多是非洲国家，这造成了新的不平等。"在迪顿看来，不平等现象比比皆是。中国同样不是大同世界。《中国民生发展报告2014》指出，中国家庭财产不平等程度在迅速提高，顶端1%家庭占有全国三成以上的财产，底端25%家庭拥有的财产总量仅为1.2%。你逃离了贫困，就会造成新的不平等。

有资料显示，全球3%最富有居民的全部家庭收入占全球总家庭收入的20%，相当于54%最贫穷居民的家庭收入之和，全球绝对贫困人口总数为7.02亿。

经济增长并未真正转化为贫困减少和就业增加，表面上看，世界经济前所未有的繁荣，却正在引发贫穷、犯罪和动荡等一系列社会问题。

逃离与无法逃离是一场悖论

"人类摆脱死亡和贫困的努力始自约 250 年前，并一直延续至今。无须赘言，这场逃亡将永远持续下去，并要面对诸如气候变化、政治失误、疫情传染和战争等的致命威胁。"迪顿曾在相关采访中直言："我们并没有走出贫困的森林，对于地球上许多人来说，情况糟糕极了。"

如果我们真的逃离了不平等，实现了人人平等，会是怎样的境况呢？小说家冯内古特 Kurt Vonnegut 在《平等时代》中讲了一个虚拟的故事：在 2081 年的美国，人们已在各个方面变得彼此平等，社会中的任何不公都不复存在。为了消除一个人比另一个人更优越的差异，法律要求相貌姣好的人戴上面具使他们和普通人一样，要求聪明的人戴上放噪音的耳机以使之分神，如此，再没有人比别人更聪明，再没有人比别人更漂亮。他的故事描述了一个可怕的社会工程，人们区别彼此的天赋被政府全面地压制着。所以，效率和平等是矛盾体，不平等是促进效率的。社会的阶级差异即不公，反映了人能力上的差别，也反映了不同职业的重要性。完全的平等导致低效。

狩猎时代部落内部看似平等，但这种机械的平等对部落发展并无明显促进。反倒是少数人的"贪婪"与"懒惰"，才激起人类奋斗前进的雄心。我们更熟悉的案例或许是，在计划经济时代，"大锅饭"营造的表面平等背后，往往是更大的不平等，人们的创新能力被制度阉割。褚时健刚到红塔集团时，几名工人声称维修一台刚"罢工"的锅炉少说也得 40 天。新官上任的褚时健只是对工人绩效评价方式稍作调整，不出 4 天锅炉便重新运转。平等解决不了的问题，褚时健用"不平等"的方式实现了。计划经济没有解决的温饱问题，在看似导致居民收入"不平等"的改革开放中却实现了。

假如一切能够重新开始
——读《股票大作手回忆录》

金宜康 / 文

　　其他人的存在究竟有没有目的，没人能说得清楚，但他来到这个世界上，一定是为了投机。出众的天赋，使其不到 20 岁，即被美国证券对赌界视为公敌。屡次被市场残酷地击倒，每次又能凤凰涅槃般以更强的姿态重新矗立。

　　他就是《股票大作手回忆录》的主人公"拉里·利文斯顿"的人物原型——杰西·利弗莫尔！

　　而在作者埃德文·拉斐尔笔下，我们可以感受到利弗莫尔这位传奇投机家的人生、梦想、事业和财富。

利弗莫尔操盘术之核心内容

　　作为华尔街千千万万投机客的代表，利弗莫尔依靠投机之术在华尔街生存了近 50 年，经历了无数大起大落，最后以破产自杀告终。他的成功与失败都值得后人深思。作为他思想的集大成之作，这本书为我们提供了一个宝贵的机会，穿越时空，倾听利弗莫尔。

开卷之初，本书主人公利弗莫尔（化名利文斯顿），就用很严肃的口吻对人们发出忠告，他说："投机这个游戏愚蠢的人不能玩，懒得动脑的人不能玩，心智不全的人不能玩，企图暴富的人不能玩。这些人如果贸然卷入，到头来终究一贫如洗。"这是一位久经沙场的老者对后来者善意的提醒，他并没有通过贬低市场来彰显自己的优秀，相反，他承认市场的强大以及在市场中生存的艰难。

如果你听了忠告没有知难而退，那么接下来首先学到的是利弗莫尔对市场的态度："不要和市场讨价还价，最重要的，决不可斗胆与之对抗。"他认为，个人意见要完全服从于市场的变化。"想法千错万错，市场永远不错。对投资者或投机者来说，除非市场按照你的个人想法变化，否则个人想法一文不值。"

由于对利弗莫尔而言，投机就是预测即将到来的市场运动，所有操作都是以预测正确为前提，如果市场没有按照预期发展，那么一定要承认错误。"当第一次认识到自己错误的时候，就是了结出市之时，应当接受亏损，尽量保持微笑，研究行情纪录以确定导致错误的原因，然后等待下一次大机会。"

顺势而为是利弗莫尔操盘体系重要的组成部分。他认为，"只要一认清市场运动的确已经发生，顺着潮流驾驭着你的投机之舟就能从中获益。"而对于如何确认趋势已经形成，他给出了一个名词叫作"关键的心理时刻"，即"当前市场运动的力度如此之大，它将率直的向前冲去"。也就是说要突破"临界点"，但是具体的判断标准他并没有说得太明确，看来只能自己在实践中慢慢体会了。

当趋势形成后，一般来说，市场会沿着一定的方向运行下去，中间会有回撤，利弗莫尔将其分为正常的回撤与不正常回撤。他把"同一天之内，市场起先向上形成了新的极端价位，随后向下回落了6个点乃至更多"的情况视为"不正常"，是危险信号。

"6个点"在书中多次出现，可以当作是区分正常与否的标准。但是他"觉得还得根据实际情况区别适用，一定要慎之又慎"。

"控制你的风险，因为成败的关键就在于对风险的把握上。"他认为确保投机事业持续下去唯一的抉择是，小心守护自己的资本账户，决不允许亏损大到足以威胁未来操作的程度。除了止损，他还提出另一项行为规则，即"每当我把一个成功的交易平仓了结的时候，总取出一半的利润，储存到保险箱里积蓄起来"。也就是说把账面利润转变为真实利润，降低风险的同时，也为下一次进攻准备了充足的弹药。

而这就是利弗莫尔操盘术的核心内容，构成了一套比较完整的交易体系。

一本精彩的人物传记

作者埃德文·拉斐尔是美国著名记者、作家、政治家，总共出版了8本书，他的主要著作都是关于华尔街的。

1922 年，他首次在报纸《星期六晚邮》上以小说形式发表著名作手杰西·利弗莫尔的传记文章，这就是后来的《股票大作手回忆录》，由此声名鹊起，成为知名的财经作者。

时代变迁，一代又一代的金融专业人士和普通投资者都曾阅读过这本书，并从中学习证券操作所应秉持的态度、如何做好心理控制及怎样顺应市场趋势操作。

书中的一些经典论述和建议充满无限的智慧和哲理，至今让人回味无穷。而值得一提的是本书主人公破产自杀那一年正好也是本书出版那年，不知道这对利弗莫尔算不算一种讽刺。

在经历了第四次破产之后，他自杀了，只留下一张字条以及九个字——"我的人生是一场失败"。

而这一切的起源都是人性的弱点在作祟。

与其说他最终被市场打败，倒不如说他败给了自己。对于利弗莫尔来说，破产三次，对于他这而言，应该是足够了。但是他并没有吸取教训，依然过度投机，超出了操盘体系的约束，迎来了第四次失败。

如果这件事发生在他周围人身上，他一定会说："好吧，如果你们早点看到，就不会这样了。"可是事情一旦发生在他自己身上的，他却忘了该怎么做。

正如利弗莫尔所言："我也是人，也有人性的缺点。"贪婪、恐惧、冲动、懒惰、自大、健忘等等人性弱点，如影随形陪伴我们一生，它们才是真正的对手。

　　此外，笔者认为他在股票交易过程中应该是使用了杠杆，否则纯粹的炒股几乎是不可能破产的，只有使用了杠杆，才会在短时间内暴富或者破产。他本可以躺在自家豪宅里寿终正寝，而不是倒在冰冷的地板上；他完全有理由认为自己的一生是成功的，而不是失败的。

　　假设那天利弗莫尔放弃了自杀的念头，那么他将享受到从 1942 年开始的长达 20 多年的美国牛市。假如他的一切能够重新开始，那么失去的一切都会回来。是的，假如！

接近伟人的最短路径

郭鸣 / 文

约翰·邓普顿爵士，一位具有传奇色彩的基金经理，被美国《Money》杂志誉为"20世纪最伟大的选股人"，并被尊奉为全球顶尖价值投资人。他开创了全球投资的先河，在长达50年的股市上叱咤风云，表现出色。

《邓普顿教你逆向投资：牛市和熊市都稳赚的长赢投资法》作者劳伦·邓普顿为约翰·邓普顿的侄孙女，以前所未有的视角，揭开了邓普顿爵士的投资之谜——讲述他辉煌投资生涯中一些可圈可点的成功战绩，如第一个发现战后日本股票的投资前景，在日本经济起飞中获益良多；又如在20世纪70年代末的市场低迷中伺机买入，在后市中收益颇丰……

接近伟人的最短路径

本书共分为十章，每一章都围绕着"逆向投资法则"的理念选择股票，同时还讲述了邓普顿在投资领域的个人感悟、人物心路和投资趣事。第一章至第五章，主要介绍了邓普顿投资生涯中的几件具有代表性的重大决策：童年及学生时代对投资知识的积累、20世纪30年代全美大萧条时代的投资、从美国国内投资转向世界其他地方的投资、对二战后日本市场的投资、20世纪70年代美国金融危机时期的投资。读者可以从中领略到邓普顿投资生涯中那些具有传奇色彩的投资神话。第六章至第七章则以投资界最惧怕的泡沫、危机时代的共性为背景，介绍了邓普顿如何在泡沫来临时卖空、在危机爆发时抓准时机。第八章至第九章介绍了邓普顿是如何在长期的投资规划中进行投资的。

总结规律、转投债券是邓普顿介绍的长期投资的法门。第十章介绍了邓普顿在中国市场进行投资的有关情况。中国经济的崛起让邓普顿看到了中国广阔的发展前景，通过对中国经济市场上两支股票的分析，邓普顿对中国的投资市场表现出了浓厚的兴趣。伟人的成功断然不可复制，然而其生平事迹以及行为处事的方法，却为后世追寻者提供了接近伟人的最短路径。本书作者正是以时间、事件为顺序，将邓普顿的投资生涯作了梳理，其间贯穿的邓普顿的投资法则，配以鲜活的事件，让人读起来心潮澎湃。

着迷于投资低价股邓普顿爵士是邓普顿系列基金的创始人，一直被誉为全球最具智慧以及最受尊崇的投资者之一。福布斯资本家杂志称他为"全球投资之父"及"历史上最成功的基金经理之一"。他的投资哲学已经成为许多投资人永恒的财富。

作者通篇反复强调的一个词是"低价股"。所谓的"低价股"，指的是那些市场价格远远低于其价值的股票。而被称为"低价股猎手"的邓普顿，正是凭借着不同于常人的逆向投资法则，在众人抛售股票使股票价格下跌直至价格远低于其价值的时候，买进这些股票，然后在众人购买这只股票使其价格远高于其价值时抛出，从而获得最大收益。当然，逆向投资法则并非像上面描述的那样如此简单，具体来说，该理念有三大要求：一是正确对待情绪化。保持头脑冷静，买下情绪化卖家急于脱手的股票，再把他们急不可耐想要到手的股票卖给他们；二是根据定量原理而不是定性原理进行选股；三是极力保证你的投资策略能经受任何市场状况考验。

在最乐观的时候卖掉它

用邓普顿的一句话来概括就是："牛市在悲观中诞生，在怀疑中成长，在乐观中成熟，在兴奋中死亡。最悲观的时刻正是买进的最佳时机，最乐观的时刻正是卖出的最佳时机。"

买进容易卖出难。邓普顿曾经花了好几年思考何时卖出的问题，最终他找到比较满意的答案——"当你找到了一只可以取代它的更好股票的时候"。邓普顿认为，这种比较级富成效，因为与孤立看待股票和公司相比，这能让我们更容易地决定应该什么时候卖出股票。如果一只股票的价格正在接近我们对它的估计价值，那么搜寻替代股票的最佳时机也就到了。在常规搜寻过程中，我们可能会发现某只股票的价格远远低于我们对其公司的评估价值，这时，就可以选它来取代我们当前持有的股票。邓普顿的这种方法很独特，不知就里的人还以为他是波段操作。因此邓普顿特别指出，这样做应该遵循一定的原则，而且不应该成为反复无常或毫无必要地变换投资组合的借口。当然，在不断搜寻过程中，如果能够搜寻到的价值低估的股票越来越少，则可以表明股市已经到达峰值，那么就应该是撤离的时候了。

邓普顿建议，只有当我们已经找到了一只比原来股票好50%的股票时，才可以替换掉原来的股票。换句话说，如果我们正持有一只股票，这只股票一直表现出色，它现在的交易价格是100美元，而且我们认为它的价值也就是100美元，那么这时我们就需要买一只价值被低估50%的新股票了。例如，我们可能已经找到了交易价格是25美元的股票，但是我们认为它们的价值是37.5美元，在这种情况下，就应该用交易价格25美元的新股票去替换交易价格100美元的原有股票。邓普顿认为，这一原则的意义在于，不仅可以教会我们运用必要的投资方法，还能让我们具备必要的心理素质避免使自己陷入过度的兴奋和陶醉，因为这种兴奋陶醉会让我们所持股票的价格涨得更高。与刚刚获得成功就松懈下来品尝成功的喜悦相比，振作精神去寻找更多的低价股会让我们获得更多、更大的回报。为了在竞赛中保持实力，必须将注意力放在下一个机会上："毕竟，关注未来比关注过去更重要。"

规律、逻辑、黑暗森林
——读《"地球往事"三部曲》有感
魏然 / 文

要评论《三体》是件并不容易的工作。这是一部野心很大的科幻作品，层层递进，试图将人性、社会、宇宙逐一突破。诠释和探求宇宙的真相与奥秘。《三体》起点是一个"文革"中家破人亡的少女，这背景如此痛苦，使之后爆炸式层层飞跃有了一个扎实的根。"硬科幻"式的风格，意料之外的结局，一看之下，竟然让人无法自拔。

读完《三体》之后，再思考价值投资的问题，像迷失在遥远的宇宙之中一般，心绪难以收回。

规律是否继续延续

《三体Ⅰ》中引用了"射手假说"和"农场主假说"。这种颠覆性的假设让人震撼。

"射手假说"，讲的是有一个神枪手对一个靶子每隔十厘米打一枪，他打了很多枪之后，设想这个靶子的平面上生活着一种二维的智能生物，它们中的科学家会通过观察发现一个伟大的定律："它们的宇宙每隔十厘米有一个洞。"它们把三维上这个神枪手的一个偶然行为，看成了自己宇宙中的一个定律。

"农场主假说"听起来则有点毛骨悚然。它讲的是一个农场里有一群火鸡，农场主每天中午十一点给火鸡喂食。火鸡中的一名科学家观察这个现象，一直观察了近一年没有例外，于是它也发现了自己宇宙中的伟大定律，"每天中午 11 点有天降食物，我们很幸福。"它在感恩节那天早晨向火鸡公布了这个定律，但这天中午11 点，它们在等着食物降临时，农场主进来把所有的火鸡都拉出去杀了。

其实，很多对未来的研究及推测也是这么进行的。

可以看到的各种研究报告中，很多结论都是依据数量化的工具来进行分析和研究。但正如索罗斯的反身性理论所述，数量化工具更有效的运用是针对自然科学，即观察者必须独立于现象之外的研究，否则，会陷入量子力学基本定理之一——"测不准原理"的困境中。在投资这门艺术学中，众多的观察者构成了现象的主体，对规律的探索、工具的使用是否会陷入"射手假说"和"农场主假说"，令人极为迷惑。

所以，"历史不会简单地重演"原本是技术分析流派中的圭臬，但对于坚守价值投资同样重要。用数量化工具得出的对于现象、规律的结论，需要极为深入的分析与研究。

"面壁者"与"破壁者"

《三体Ⅱ》中，作者精心创建了一套"面壁计划"，构思精巧。

技术处于优势的外星文明虽然可以实时监控地球人的各种行动，但无法读取人类的思维，这便成为地球人反抗的一种优势，因此，地球防卫者制订了所谓"面壁计划"。

面壁计划的核心，就是选定一批战略计划的制订者和领导者，他们完全依靠自己的思维制订战略计划，不与外界进行任何形式的交流，计划的真实战略思想、完成的步骤和最后目的都只藏在他们的大脑中，称他们为面壁者——这个古代东方冥思者的名称很好地反映了他们的工作特点。

在领导这些战略计划执行的过程中，面壁者对外界所表现出来的思想和行为，应该是完全的假象，是经过精心策划的伪装、误导和欺骗，面壁者所要误导和欺骗的是包括敌方和己方在内的整个世界，最终建立起一个扑朔迷离的巨大的假象迷宫，使敌人在这个迷宫中丧失正确的判断，尽可能地推迟其判明我方真实战略意图的时间。

与之对应的，还有一类名为"破壁者"的人群，也就是要识破"面壁者"背后真实意图的人。

在《三体Ⅱ》中，有三位面壁者先后被"破壁人"打败，不外乎都是通过各种细节反复思考和推理最后判断出面壁者的真实意图，而唯独最后一名面壁者"罗辑"

成功对三体文明建立了威慑，遏制了三体文明的进攻。将罗辑作为第二部小说的主人公，或许作者想通过名字赋予他意义——逻辑。

而再思考投资，市场先生其实就是一个典型的"面壁者"，而每个参与其中的投资者就是它的"破壁人"，参与者们通过各种办法去猜测市场先生真实的走向，而运用的工具，也许最好的就是强大的逻辑武器。

预测，或许更重要的是对内在逻辑的推导，通过探讨这种逻辑成立的可能性，再把现象和规律作为一种证明这种逻辑的工具。

黑暗森林法则

逻辑推演在《三体Ⅲ》中达到高潮。作者试图从两个文明的战争，进一步向外推理，如果在多文明存在的环境，宇宙会是一个怎样的状态？

作者给出的答案是——黑暗森林法则。黑暗森林体系的建立，首先假设如下的两条公理：1.生存是文明的第一需要；2.文明不断增长和扩张，但宇宙中的物质总量保持不变。

对于文明的进步来说，文明进步的速度和加速度不见得是一致的，弱小的文明很可能在短时间内超越强大的文明。两个文明之间的"猜疑链"成为互相消灭的根本原因，即一个文明不能判断另一个文明是善文明还是恶文明，那么，最好的办法就是消灭对方。

因此，作者认为，宇宙就是一座黑暗森林，每个文明都是带枪的猎人，像幽灵般潜行于林间，轻轻拨开挡路的树枝，竭力不让脚步发出一点儿声音，连呼吸都必须小心翼翼：他必须小心，因为林中到处都有与他一样潜行的猎人，如果他发现了别的生命，能做的只有一件事——开枪消灭之。在这片森林中，他人就是地狱，就是永恒的威胁，任何暴露自己存在的生命都将很快被消灭，这就是宇宙文明的图景。

被发现，即被毁灭！

从博弈的角度思考市场，或许是价值投资体系下需要思考的另类问题。被许多价值投资者们相中的白马成长股，在经历一轮市场的大涨后，常常并不是在收益上贡献最多的品种，价值投资者往往也对此非常头痛。

结构化行情下，指数往往会被一小部分板块迅速推高，但也有的板块却在原地踏步或者跑输指数。笔者曾经在调研过程中，遇到过一个情况，某上市公司，经营状况非常好，近几年年平均增长率接近40%，并且，经营状况也被市场准确预测出来了，但是股价却在市场大涨的时候一直徘徊不动，甚为困惑不解。

其实，如果套用《三体Ⅲ》的黑暗森林法则来解释，或许可以思考这种现象。

在板块轮动行情的主基调下，眼球经济比默默耕耘更容易被关注。被预期之内的成长，即使保持高增速，那它也并不足以吸引关注，只有当市场整体达到一个相对饱和的境地，一时间也找不到吸引眼球的东西了，那么这些品种或许才会被后续挖掘。

价值投资者也许更应该像黑暗森林里"带枪的猎人",在没有被他人看透的品种中寻找机会,而非坚守已经被市场彻底洞悉的东西。

投资中的君子之道
——读余秋雨新作《君子之道》有感

李晔斌 / 文

余秋雨又出书了。已近古稀之年的余老以一本《君子之道》解读中华民族的集体人格，以不再追逐名利的心境分享人生的境界。

在他看来，中华文化的人格理想就是君子之道，中华文化的钥匙就在其中。了解君子之道，是在追踪中国人精神家园和人格世界的底蕴。

笔者利用国庆长假七天，听余秋雨引经据典，谈古论今，一气呵成，读得过瘾的同时，亦不免联想到其实投资和君子之道一样，在投资哲学上以君子之道处事往往能够取得不错的回报，反之以小人的思维模式实际操作投资，失败早已经注定。

代表君子的成熟市场

记忆尤深的是余秋雨在书中提到对中国文化而言，有了君子，什么都有了；没有君子，什么都徒劳。由此，如何复兴中华文化，余秋雨给出了解答，就是要寻找和优化中国人的集体人格。追求君子之道，中国人的灵魂便找到了故乡，也是建立现代社会和谐的文明秩序、重塑国民性格必不可少的条件。

结合中国股市又何尝不是如此？如果整个资本市场都是由君子组成，那么中国股市就会变成国外投资教材里理想中的成熟市场，没有君子的结果，就好比听消息炒概念的 A 股市场，风气不好，想赚钱就难了。

如何振兴中国股市？或者使得中国股市向着海外成熟市场靠拢，从《君子之道》中笔者同样找到了答案：就是要寻找和优化市场中各路投资者（包括机构投资者和个人散户投资者）的集体人格。

显而易见，君子的人格映射了以巴菲特和格雷厄姆为代表的价值投资者的典型。

余秋雨认为，每个民族都有自己不同的集体人格。有的民族追求的是先知，有的是巨人，有的是绅士，有的是牛仔，有的是浪人或者武士。而中华民族追求的集体人格就是"君子"，这一点还没有像德意志民族的集体人格那样，让世界了解和接受。

所以我们经常能够看到那些愿意传道授业解惑的股神大多出自国外，国内的股神总是被披上神秘色彩，这或许也能被理解为君子独善其身的秉性。需要解释的是，君子独善其身历来争议颇多，在此我们也并不提倡。

在随后的展开叙述中，余秋雨又幽默地表示，中国的古文就是老祖宗的"遗嘱"，告诉后人应有什么样人格和处事方式，君子就是其中的模范。随后他从"君子坦荡荡""君子周而不比""君子不器""君子怀德""君子有礼""君子成人之美""中庸之道"等方面讲授了如何成为一名君子的要领。他认为，君子之道存在于生活中的每一个微小细节。

君子与小人的投资区别

从君子之道引申到投资上，投资与投机的不同就在这里：买卖股票的表现反映了持有人的特征，理性的君子会选择投资，因此投资股的表现较稳定，也有较多的理性；而贪短利之小人（这里并非贬义）选择投机，所以投机股的表现也是周期很短缺乏理性。

所谓股票投资就跟做人一样：君子少而小人多，君子规矩而小人难测。交友跟投资一样都有类似的哲学：想要短期得大利者交小人，而要获利终身找可靠的人为友则交君子。

此外，近朱者赤。就算你不是小人，与小人交往久了也会被同化成小人。投机搞惯了染上的赌习很难除掉，眼高手低永远看不上慢涨而长期可以赚大钱的股。事实上投机股大多没有业绩支持，所以是零和（业绩停顿）或是负和（业绩亏损）游戏，使得"久赌必输"必然实现，就像君子往往可以保身到最后一样，统计学显示，投资上最后的赢家仍然是坚持价值投资的君子。所以"炒股十炒九输"的定律在国内外放之皆准。

长期持有君子股的回报

在谈到古人君子之道时，有这样一个故事让笔者印象深刻。在《论语·卫灵公第十五》中孔子一行人欲往楚国见昭王，在陈蔡之间被陈蔡两国大夫派兵围困，粮草难以为继，跟从孔子一路行来的众人纷纷病到。子路很生气地说："当君子也有穷困的时候吗？"孔子说："（当然了，谁没有陷入困境的时候呢，不过）君子陷入困境时能固守他的节操不改，小人陷入困境就会放弃道德良知无所不为。"

尽管孟子亦云："虽有智慧，不如乘势；虽有磁基（锄头），不如待时。"现实生活中经常有人以此为据替投机辩解，只是不同的人有不同的理解罢了。笔者认为从投资角度而言，也有君子股与小人股之分，有英雄落难股，也有小人得志股。孟子说的话并没有错，老天爷给我们创造了机会当然不能浪费，乘势而上是对的，时机不利（也就是各种条件不具备时）也不能凭一己之力蛮干。但作为一个合格的君子投资者，有一些原理和原则不能变，这就是孔子所谓君子固穷，亦即老子所谓"有所为，有所不为"。

君子股、英雄落难股我们要长期持有；小人股，尤其是小人得志股，一定要敬而远之，至少也得坚决抛弃。"怕小人不算无能"，在股票投资这个问题上，先贤所谓"亲贤臣，远小人，此先汉所以兴隆也；亲小人，远贤臣，此后汉所以倾颓也"。

可是与君子交，也不能固执，更不能一味地死忠。《君子之道》中就提及古代有智者指出，当孝子和忠臣也不能不讲方法，一味死谏，当君父生气的时候，最好还是暂避其锋，所谓"邦有道则仕，邦无道则可卷而怀之"（《论语·卫灵公》）。也就是说，当我们不能对上市公司形成一定的控制局面与较大影响力时，就是面对好公司股票，也不能不顾情况一味固守，形势好的时候不断增持，形势不好时不断减持，只是不要集中进出，总是一把赌输赢，别说合格投资者当不上，就是当个职业赌徒都不合格。

让伪君子股原形毕露

说到"底"，小人之股虽然是有暂时性的底部的，但它们真正的底部是破产是退市。只有君子股才有真正的底部，那就是它的实际价值区。有人说，如果是一部印钞机、聚宝盆，无论什么价位都可以买，什么价格都不算贵。这种说法是不对的，有些天价是任何人都给不起的，比如人的生命、比如健康、比如良知。在《黑桃皇后》与《浮士德》里，都有男主人公为了成功与富贵，将灵魂出卖给魔鬼的情节——笔者相信在现实生活中会有很多人肯为荣华富贵出卖一切，但那值得吗？

现实的计算也向我们证明：决定投资收益比例的是投入产出比，也就是说以什么价位取得投资标的，关系着我们投资成功的程度——还是尽可能便宜点更好，好东西还必须有个好价钱才是一桩好买卖呀。

至于"顶"，余秋雨的《君子之道》中也有提及，人们往往会将伪君子提拔到他不能胜任的位置上去，之后便原形毕露。

如果一只股票的价格透支了未来几年的收益，高到了不合理的水平，这就是顶了，至于是不是最高点就别计较了，因为我们的能力达不到。

一般投资者往往会计较多年来炒股的失误，不是在这只股票上太恐惧，买少了卖早了；就是在那只股票上太贪婪了，买多了卖迟了。其实呢，关恐惧与贪婪什么事啊，一切错误在于我们的客观局限性给我们造成的无知。如果我们全知全能如上帝，或者我们掌握着翔实的第一手材料，什么都在预想之中，怎么会有恐惧与贪婪呢？

回到君子身上，关键是我们要像君子一样坚持自我品格的修炼，抵制短期诱惑，才能最终成就投资上的大器。

给工厂安上大脑
——读《工业 4.0：即将来袭的第四次工业革命》有感

易木／文

2015 年《政府工作报告》提出要实施"中国制造 2025"，这一概念被认为与"德国工业 4.0"在推动工业化和信息化深度融合方面有异曲同工之处。

何谓工业 4.0？

《工业 4.0：即将来袭的第四次工业革命》一书的解释是：它描绘了制造业的未来愿景，提出继蒸汽机的应用、规模化生产和电子信息技术等三次工业革命后，人类将迎来以信息物理融合系统 (CPS) 为基础，以生产高度数字化、网络化、机器自组织为标志的第四次工业革命。

工业 4.0 的解析

《工业 4.0：即将来袭的第四次工业革命》由"工业 4.0"概念的积极推动者和实践者西门子公司编写，分八个章节介绍工业 4.0，是本较为通俗的读物，能使读者对工业 4.0 有大概的了解。

书中介绍，目前的汽车生产主要是按照事先设计好的工艺流程进行的生产线生产方式。尽管也存在一些混流生产方式，但是生产过程中，一定要在由众多机械组成的生产线上进行，所以不会实现产品设计的多样化。管理这些生产线的管理系统原本应该带给生产线更多的灵活性，但是受到构成生产线的众多机械的硬件制约，无法发挥出更多的功能，作用极为有限。同时，在不同生产线上操作的工人分布于各个车间，他们都无法掌握整个生产流程，所以也只能发挥出在某项固定工作上的作用。这样一来，很难实时满足客户的个性化需求。

《工业 4.0》描绘了基于物联网的智能工厂可以动态、有机地重新构成的模块化生产方式。生产模块可以视为一个"信息物理系统"，依据客户的个性化定制为每个车型自律地选择适合的生产模块，进行动态的装配作业，各模块通力协作最终将客户个性化定制的汽车在规定时间生产出来并送运到客户手中。既保证了生产设备的运转效率，又可以使生产种类实现多样化。

工业 4.0 诞生的必然性——为制造而生

不同于美国人，德国人的创新能力一般，但是德国人思维方式系统化、体系化、规范化，规划、落地和执行能力非常强。美国人很清楚自己的"个性"应展现在"创意"和"营销"，而非"制造"上。于是，他们在将"制造"不断外包给全世界的同时，亦成为全世界"最应该"去创造和拥抱互联网及其思维的国家。

而德国人，则选择了"制造"。

《工业 4.0》一书中提出，"工业 4.0"是德国人基于对信息化时代的来临和对自身优势深刻的理解后综合出来的个性化战略。

首先，在本轮全球信息通信产业发展浪潮中，德国乃至整个欧洲明显落后，欧洲的互联网市场基本被美国企业垄断，中国也逐步进入欧洲市场。在信息化这个领域，德国急需寻找适合自己的立足点。

其次，传统制造优势遭到挑战。金融危机之后，发达国家纷纷提出振兴制造业的国家战略和计划，美国制定了"再工业化""制造业复兴""先进制造业伙伴计划"；韩国提出"新增动力战略"；日本开始实施"再兴战略"。众多发达国家希望通过技术升级和产业政策调整重新获取其在制造业上的竞争优势，这对德国的工业制造提出了挑战，德国制造产业的升级迫不及待。

最后，传统工业强国的环境孕育了工业升级的摇篮。德国是典型的技术密集型工业强国，拥有优良的制造技术和工业电子技术，德国工业的基础材料、基础装备、基础元器件核心技术领域一直在全球处于领先地位，其汽车电子、机械电子、机床电子、医疗电子等领域亦引领全球。另外，德国发达的工业信息化软件为智能工厂和智能生产打下基础。德国在企业资源管理（ERP）、制造执行系统（MES）、产品生命周期管理（PLM）、客户管理系统（CRM）等核心工业软件在全球都处于领导地位。

中国工业 4.0 迎来红利

2014年10月，《中德合作行动纲要》签订，中方希望在工业 4.0 方面和德国加强合作。而在 2015 年的两会上，"中国制造 2025"首次出现在政府工作报告中，报告中指出要实施"中国制造 2025"，坚持创新驱动、智能转型、强化基础、绿色发展，加快从制造大国转向制造强国，为未来中国工业 4.0 工业制造勾勒了美好的蓝图。

但对于我国的工业 4.0 进程来说，还有很长的路要走。德国之所以能推进工业 4.0 与其在机械、电子方面的硬实力息息相关，其制造技术、机械电子技术和工业管理系统都位于世界领导地位。而我国在这个方面显然还未能达标，无论是对外技术的依存度还是目前机器人的保有量、渗透率方面均相比发达国家差距明显。此外，在工业制造系统方面大多应用国外系统，国内外制造业理念的不同使得国外信息系统的效用在国内打折。所以在未给这些机械装上大脑并实现智能工厂前，我们必须提高机械的自动化率和高端机械的国产化率，完善硬件实力。另一方面，开发服务中国工业制造业的信息系统，提高国产系统占有率，增强软件实力。

2015年政府工作报告中关于"中国制造2025"和"工业互联"的措辞对中国制造业升级释放了强烈的红利。随着产能过剩行业的市场出清和对外产能转移，以及中国版工业4.0——"中国制造2025"的推进，中国工业结构将得到优化，继而迈向中高端，朝着工业强国之路前进。

用另一种文化看经济学
——读大儒钱穆《中国经济史》有感
王晓岚／文

　　浸润在金融行业中，饱读经济学书籍无数，笔者深受西方经济学影响。早前阅读政经学者刘军宁的《投资哲学：保守主义的智慧之灯》，别有一番味道，于是当一代史学鸿儒钱穆老先生的《中国经济史》在国内出版之时，便义无反顾地收于囊中。

经济史的写作难题

　　昔日读文科的中学生，对于国学大师钱穆的《中国通史》，几乎人手一册。从头到尾翻一遍，对中国几千年的历史文化便了然于胸，顿觉受益匪浅。

　　经济史或者经济学思想史，一直都是一门费力不讨好的学问。理由在于，经济学理论的建构，从 1776 年亚当·斯密的《国富论》才正式开始，这也意味着经济学是一门晚近的科学，属于学科历史比较短暂的思想谱系。

但是，人类的经济生活其实早已绵延几千年，作为经济的历史，一直都是客观存在的，甚至一直都是有据可查的。因此，如何在绵长的经济史和比较晚近的经济思想史之间，找到一种学术方法的均衡感，就成为经济史写作的一个难题。

《中国经济史》源于授课

而中国经济，在世界史上是重要一页，古代如此，于今亦然。

中国之经济活动，随皇朝兴替、人口迁徙、交通改善而不断演变。了解中国古代经济发展历史，便能对照当前的社会经济问题：有效的，可以借鉴，运用于今日之商业社会；失败的，可从中汲取教训，避免重蹈覆辙。

钱穆老先生曾于 1954 年至 1955 年期间，在香港新亚书院先后讲授"中国经济史"及"中国社会经济史"两门课程，扼要地介绍了由上古春秋战国至明清时代的经济情况及财政政策，并道出经济与政治、文化、社会、军事、法律、宗教之间的相互影响和联系，评价政策对朝代兴亡之关联。

实际上，此次出版的《中国经济史》，就是以上述课堂讲稿为基础，后由学生根据笔记整理而成。虽然隔靴搔痒，但通读一遍仍然能够体会到大家深厚的学识。

班固首创《食货志》

　　"经济"一词，在我国出现甚早，但多作"经世济民"之义。在古代，用来表达"经济"之意的词，是"食货"。故研究我国经济发展史，不得不读的是各正史中的《食货志》《通典·食货典》与《通志·食货略》等文献。钱穆这本书的材料，亦多来源于此。

　　尽管《史记》中的《平准书》《河渠书》《货殖列传》已具备后世《食货志》之雏形，但真正将"食货"单撰一志进行专题考察的，是班固的《汉书》。班固认为，"食"指的是生产范围内的事情，"货"则属于流通范围内的事情。在当时的历史条件下，前者以农业生产和田制为主，后者以货币制度和手工业为主。

　　首创《食货志》，是班固的一大历史贡献，后世史书亦多遵循其例。自隋迄清，除欧阳修私修的《新五代史》外，历代正史都有《食货志》，这为后世考察中国历代经济带来了极大便利。

纵横古今，兼顾通观与微观

　　便利固然有了，但文献仍属浩瀚，而如何在众多资料中获得所需要的史料，并从中筛选最终成书，便是考验一位史家"史学"与"史识"的时候。钱穆在这本不到300页的书中，讲述了自上古至明清的经济及财政状况，既有通观全局的论述，又有微观细致的考证，大有"纵横古今"之气象。

所谓"纵"，即他注重制度变化的传承性，将经济制度及财政政策的历史沿革梳理得非常清晰，如币制、田制、税制等，我们都可以从各个章节中轻松找到相关专题论述，进而单提出来，考察该项制度的发展史，甚至稍微扩展一下，即可成书；所谓"横"，则他注重考察经济政策的制定与王朝之兴替、制度之行废、文化之盛衰、军力之强弱之间的关系，能够在有限的篇幅内抓住要害，进行论述。

熟悉典籍，剪辑史料功力不俗

在讲授三国时期的经济制度时，钱穆敏锐地发现这一时期最具时代特色的是屯田制度，他将其分以曹魏前期、曹魏后期、孙吴、蜀汉四个专题加以评说。

在这些专题中，钱穆细致地考察了魏蜀吴三国屯田制度的缘起、发展，并与历史相结合，评价各国屯田之得失：曹魏屯田使得中原统一而稳定；东吴常将屯田赐予臣属，使屯田易于衰败；蜀汉自恃天府之国，屯田起步较晚，成效不著。读毕本节，读者自然会对魏国（西晋）能够统一全国，于经济方面的因素，了然于胸。

值得一提的是，众所周知，《三国志》中并无《食货志》，故钱氏这一章节引用的材料，多散见于《三国志》《晋书》中。他对典籍的熟悉程度与"剪辑"史料的功力，可见一斑。

"通史之才" 更具大视野

钱穆老先生并非经济史专题研究者，而是具有"通史之才"的传统史家。故本书写作，与专题史学者相比，具有大视野、大气魄的长处。

由于钱氏对材料的极大占有，故能做到旁征博引、信手拈来、融会四部、举重若轻，进而切中肯綮，形象地对结论加以说明，以史实而非所谓的"逻辑"支撑论点。

例如，他讲井田制，引用《诗经》《周礼》《左传》《孟子》；讲汉代制糖业，引用《方言》《楚辞》《四民月令》《齐民要术》；讲唐代经济，更是直接引用到李白、杜甫的诗作……要言之，钱老特别善于从各种看似与经济史相关性不大的文献中发掘材料，见微知著，而这也恰恰是"通史之才"与"专史之才"的最大区别。

诚然，正如一些人批评的那样，钱穆不谙西方经济学原理，个别论断往往流于迂阔、褊狭，其写作手法、关注重点亦大体承袭了历代《食货志》等典籍。

但长远来看，观念终将陈旧，方法亦会过时，唯有基于扎实材料得出的结论，才能历久弥坚。从《中国经济史》的体例与写作上看，其价值即在于，钱穆不是站在经济学的角度讲经济史，而是站在整个历史的角度讲经济史，这也正是其独到之处。

美联储主席珍妮特·耶伦
在纽约大学 2014 年毕业典礼致辞

陈薪如 / 译

非常感谢您，Sexton 校长，让我代表荣誉博士的获得者们，表达我们对纽约大学的感激和对 2014 届的同学们，你们的家人们，特别是你们父母们的祝贺。今天是用来庆祝你们的成就和展望你们未来的特别的一天。

纽约大学不仅为你们提供了基础知识，同时我也希望大学能给你们带来对知识的热爱之心和持久的好奇心。人生是一个不断探索的旅程，如果将你们求知的火焰点燃，那它的熊熊烈火将点亮你们的人生道路。

在纽约大学的学习中，这样的好奇心带领着埃里克·坎德尔，达到了他的人生最高成就。他发现了人类记忆的化学机制的和细胞基础。在他毕业后几年，他首先用猫来作为研究对象。但他有个想法：为什么不去关注那些有更简单，更基本的大脑的动物，例如加州海蜗牛。他的同事们起初都嘲笑他的想法。他们自以为知道，研究这种低等的海蜗牛对理解人类记忆是无关紧要的。坎德尔的有着丰富解剖经验的重要合作者离开了他。但坎德尔坚持住了，并为了加速研究海蜗牛，他去了国外学习。终于在 2000 年，他的好奇心使他赢得诺贝尔奖。你一定已经猜到了，他对海蜗牛的研究为我们揭示了人类记忆的化学机制。我相信，坎德尔的人生，为我们展示了即使路上有巨大困难的阻拦，持续的好奇心也可以帮助我们完成看似不可能的雄心壮志。

第二个让我们终身受益的品质是倾听他人的意愿。如今，科学技术让我们可以用一个巨大宽广的视角看世界，但它也可以让我们去缩小范围去倾听那些我们觉得最愉悦的声音。倾听他人的声音，尤其是那些与我们有分歧的声音，这会检验我们自己的理念和信仰。它让我们意识到，谦卑的心态，让真理不会被任何人垄断。

洋基球场教给我们另外一个道理：你不会一直成功。甚至连露丝、格里克和迪马吉奥这样的棒球巨星站在球场上的大多数时间里都会以失败告终。在寻找真理的人生道路中，往往会涉及一些失误。当我们努力去解决威胁到全球经济的金融和经济危机时，我和我美联储的同事们都共同经历了这样或那样的挫折。我们努力思索设计了一系列工具来清理金融系统的管道，努力保持信贷的流动。我们的一些努力没能奏效——关于我们发挥了正面还是反面作用的争论从未停歇——但我们没有放弃。这段经历让我认识到，一个人面对无法避免的挫折时的反应，与在胜利和失败间掌握平衡一样关系重大。

有一个不幸的论断：成功主要是由所谓的"能力"决定的。但研究表明，仅仅依靠所谓的能力来预测学业和事业成就时结果往往是不可靠的。心理学家Angela Lee Duckworth说，真正重要的是一个被她称为"坚韧"的东西——那是一个持久地朝着长期目标努力工作的承诺和在遇挫折时坚持不懈的精神。

我认为坚韧的一个表现，最重要的是当环境有要求时愿意坚定捍卫你的立场。这种情况出现的可能不是那么频繁，但在每一个人的生命中，关键时刻为了你所信仰的东西有勇气站出来是非常重要的。

我的前任美联储主席贝南克(Ben Bernanke)为我们展示了这种信念，尤其是在他的应对金融危机的威胁的时候，为了稳定金融系统并恢复经济增长，他勇敢地采取了行动，无论从抱负还是从范围上讲，这些行动都是前所未有的。他面对着无休止的批评和人身威胁，如果他做错了，历史会对他做出严厉的评判。但他对自己认为正确和必要的事情坚定执行。本·伯南克的智慧和学识让他能很好地履行美联储主席的职责。但他的坚韧和不惧表明立场的品格也同样重要。我希望你们永远都不用面对如此大的挑战，但你也许将会在生活中面临这样时刻，那个时候，当你们为了你们信仰的东西而坚持站出来时，你们的举动就会对社会产生巨大的影响。

长时间的面对挫折和需要选择立场的时刻，让我对坚韧这个词理解得更加深刻，有坚定的信念的支撑，我们可以跨越所有失败与挫折。当你热爱你所追求的东西时，道路上的艰难困苦会变得容易得多。当我第一次来到美国联邦储备理事会时，那是37年前，我被我的同事对于美联储的使命感的热情所震撼。许多年后，每天在工作中，我明白了对工作的热情对于有效完成联储的职责的重要性。如果有一个工作，你感觉充满激情，就一往无前去追求那份工作；如果有目标让你感觉豪情万丈，就义无反顾朝着这个目标进发。

最后，我希望你们都能在你所选择的生活中找到快乐。你今天将为你人生的一个重要阶段画上句号并开始一段无比精彩的新冒险。对未来生活所要做出的决定肯定是严肃认真的，但花时间去享受过程中那些或大或小的快乐，并与他人分享，一起欢笑也是非常重要的。

最后，再次谢谢你们，我谨代表我和其他荣誉博士的获得者们，谢谢有这个与你们交流的机会。2014届的同学们，祝贺你们毕业并祝福你们在以后的道路中好运相伴！